# Les Lois Scélérates

## DE 1893-1894

par

**FRANCIS DE PRESSENSÉ
UN JURISTE ET EMILE POUGET**

*RB*

PARIS

EDITIONS DE LA REVUE BLANCHE

I, RUE LAFFITTE, I

1899

Les pages qui composent cette brochure ont d'abord paru dans *La revue blanche* :

1o *Notre Loi des Suspects*, par Francis de Pressensé, no du 15 janvier 1899 ;

2o *Comment ont été faites les Lois Scélérates*, par Un Juriste, no du 1er juillet 1898 ;

3o *L'application des Lois d'exception de 1893-1894*, no du 15 juillet 1898.

# LES LOIS SCÉLÉRATES

## DE 1893-1894

## Notre loi des Suspects.

La France a connu à plusieurs reprises, au cours de ce siècle, ces paniques, provoquées par certains attentats, savamment exploitées par la réaction et qui ont toujours fait payer à la liberté les frais d'une sécurité menteuse. Sous la monarchie de Juillet, les lois de septembre furent votées sous l'impression de tentatives de régicide, sous le prétexte de la défense de l'ordre social, mais en réalité dans le dessein d'étouffer par la peur le mouvement révolutionnaire qui se poursuivait dans les masses profondes d'un peuple tenu hors l'enceinte du pays légal, et qui avaient cessé de plaire aux anciens *carbonari* de la Restauration, devenus les conservateurs du nouveau régime auxquels ils devaient places, honneurs et fortune. Ces lois d'exception furent le commencement de la brouille définitive entre la royauté soi-disant républicaine de la branche cadette et une démocratie dégoûtée de l'hypocrisie du juste milieu, du monopole politique d'une bourgeoisie aussi égoïste et moins décorative que l'ancienne noblesse et de la corruption croissante d'une société asservie au capitalisme. C'est de l'adoption de ces mesures de salut public que datent, et l'expansion accélérée du socialisme, mis hors la loi par un gouvernement oublieux de ses origines, et le renouveau de l'idéalisme républicain proscrit par les anciens complices des conspirations révolutionnaires de la Restauration, et le dégoût sans borne et sans retour des libéraux, épris de justice et de progrès.

Le second Empire fondé sur le crime, né d'un coup d'Etat, n'avait pas à renier ses origines ou à mentir à son principe. Régime hybride qui avait l'impudeur d'associer dans ses formules à la doctrine césarienne de l'Elu du peuple la doctrine légitimiste de l'hérédité, il affectait également d'inscrire au fronton d'une constitution copiée sur celles de l'Empire, c'est-à-dire du despotisme le plus écrasant qu'ait connu le monde, les principes de 1789 et la déclaration des Droits de l'Homme, base du droit public des Français. En 1857, après l'attentat d'Orsini, il jeta le masque. La loi de sûreté générale vint suspendre le peu de garanties que le 2 décembre avait daigné laisser à ceux des citoyens français que la mitraille de Canrobert et les proscriptions de Maupas ou de Morny avaient épargnés.

Dès lors, le second Empire fut marqué au front d'une tache indélébile. Il eut beau revêtir je ne sais quelles défroques d'un libéralisme mensonger. Il eut beau chercher à s'approprier les formes de ce parlementarisme d'emprunt qui n'a jamais servi, en dehors du sol historique où il est né et où ses racines ont pu s'enfoncer dans les couches apportées par les alluvions des siècles, qu'à dresser le décor d'une mesquine et sordide comédie d'intrigues et qu'à tendre un paravent devant les louches combinaisons des politiciens de chambre et d'antichambre.

Le césarisme avait sué sa peur, il avait laissé transparaître son âme de défiance et d'oppression, il avait avoué, dans un hoquet de terreur, sa haine des garanties élémentaires du droit et son inguérissable amour pour la force brutale, pour la police tutélaire et le sabre protecteur.

Règle générale : quand un régime promulgue sa *loi des suspects*, quand il dresse ses tables de proscription, quand il s'abaisse à chercher d'une main fébrile dans l'arsenal des vieilles législations les armes empoisonnées, les armes à deux tranchants de la *peine forte et dure*, c'est qu'il est atteint dans ses œuvres vives, c'est qu'il se débat contre un mal qui ne pardonne pas, c'est qu'il a perdu non seulement la confiance des peuples, mais toute confiance en soi-même.

Il s'agit de savoir à cette heure si la République Française en est là. Je m'empresse de dire bien haut que, s'il ne s'agissait que de la République telle que l'ont faite vingt-cinq ans d'opportunisme, telle que nous la connaissons sous les espèces d'un Président-parvenu qui joue au souverain, d'un premier ministre sournoisement brutal qui essaye d'adapter à sa lourde main la poignée du glaive de la raison d'Etat, d'un Parlement où tout est représenté, sauf la conscience et l'âme de la France il ne vaudrait sans doute pas beaucoup la peine de se préoccuper bien vivement du sort de cet'édifice branlant. Nous ne devons pas oublier, toutefois, que la République a cet avantage d'être une forme vide, un corps où nous pouvons souffler une âme, où nous pouvons mettre un esprit et qu'à la différence de toute autre gouvernement qui ne s'établirait pas sans avoir quelques-uns des artisans de l'avenir et sans avoir supprimé quelques-unes de nos pauvres franchises, elle se prête à merveille, si seulement nous avons la force de le vouloir, à toutes les transformations nécessaires, à toutes les réalisations progressives de l'idéal. Ce qui revient à dire qu'elle est la forme adéquate du gouvernement de tous par tous et que tout ce qui y porterait atteinte constituerait une usurpation.

Eh bien ! cette république qui a trompé tant d'espérances, elle a, en un jour de panique, adopté, elle aussi, ses *lois de septembre*, sa *loi de sûreté générale*, sa *loi des suspects*. Sous l'impression terrifiante d'attentats pour lesquels ceux qui me connaissent ne s'attendront sûrement pas à ce que je m'abaisse à me défendre d'aucune indulgence, les Chambres ont voté en 1893 et en 1894, d'urgence, au pied levé, dans des conditions inouïes de précipitation et de légèreté, des mesures qui ne sont rien de moins que la violation de tous les principes de notre droit. Dans la seconde partie de cette brochure, un juriste a admirablement exposé le caractère de cette législation d'exception. Un écrivain, que ses relations mettent à même de bien connaître les victimes de ces lois vraiment scélérates, a dépouillé, dans le dernier chapitre, quelques-uns des dossiers des procès intentés de ce chef.

Je n'insisterai pas sur une démonstration qui est faite,plus loin, et bien faite. Qu'il me suffise de dire que ces lois frappent, de propos délibéré, des délits ou des crimes d'opinion ; qu'elles sont faites contre une catégorie, non pas de délits ni de crimes, mais de personnes ; qu'elles modifient la juridiction de droit commun en matière de presse, laquelle est le jury ; qu'elles établissent un huis-clos monstrueux en supprimant la reproduction des débats ; qu'elles permettent l'imposition hypocrite d'une peine accessoire, la relégation, — qui n'est autre que le bagne et qui peut être le corollaire d'une condamnation à quelques mois d'emprisonnement ; qu'elles donnent une prime à la provocation et à la délation ; qu'elles prétendent atteindre, sous le nom d'entente et de participation à l'entente, des faits aussi peu susceptibles de répression que des entretiens privés, des lettres missives, voir la présence à une conversation, l'audition de certains propos ; qu'elles ont créé un nouveau délit, non seulement de provocation au crime, mais d'apologie du crime, lequel peut résulter de la simple énumération objective des circonstances dans lesquelles tel ou tel attentat se sera produit. J'en passe.

Ajoutez à cela que l'application de ces lois plus que draconniennes a été faite dans un esprit de férocité ; que c'est une sorte de guerre au couteau entre les soi-disant sauveurs et les prétendus ennemis de la société ; que l'on a vu les tribunaux frapper impitoyablement de la prison et de la relégation, c'est-à-dire du bagne à perpétuité, la participation à des soirées familiales (Angers), l'audition des paroles délibérément scélérates d'un agent provocateur (Dijon), le chant d'une chanson révolutionnaire (Milhau) ; que l'on n'a pas respecté le principe essentiel de la non rétroactivité des lois ; que cette terrible machine d'injustice fonctionne au milieu de nous et que *onze* malheureux ont déjà été, en vertu de cette véritable mise hors la loi, condamnés à cette peine atroce de la relégation.

De telles constatations suffisent. Elles devraient du moins suffire pour des esprits un tant soit peu libéraux, j'entends qui soient restés, si peu que ce soit, fidèles aux doctrines des La Fayette, des Barnave, des Benjamin Constant, des Barrot et des Laboulaye. Un tel monument d'injustice ne peut subsister dans la législation d'un peuple qui se dit et se croit et veut être libre. Que si un tel appel à la conscience républicaine ne suffisait pas, il ne manque pas d'arguments d'un ordre moins élevé pour convaincre les égoïstes. Ces lois d'exception sont des armes terriblement dangereuses. On les bâcle sous prétexte d'atteindre une catégorie d'hommes spécialement en butte à la haine ou la terreur du public. On commence par les leur appliquer et c'est déjà un scandale et une honte qui devraient faire frémir d'indignation tous les cœurs bien placés. Puis on glisse sur une pente presque irrésistible. Il est si commode, d'interprétation en assimilation, par d'insensibles degrés, d'étendre les termes d'une définition élastique à tout ce qui déplaît, à tout ce qui, à un moment donné, pourrait effrayer le public. Or qui peut s'assurer d'échapper à cet accident ? Hier, c'était les anarchistes. Les socialistes révolutionnaires ont été indirectement visés. Puis c'est le tour aujourd'hui de ces intrépides champions de la justice, qui ont le tort inexcusable de n'ajouter pas une foi aveugle à l'infaillibilité des conseils de guerre. Qui sait si demain les simples républicains ne tomberont pas eux aussi sous le coup de ces lois ? Qu'on se figure ses armes terribles entre les mains d'un dictateur militaire et l'état de siège agrémenté de l'application des lois scélérates, ou, pour retourner l'hypothèse, qu'on se représente une faction révolutionnaire, un Comité de Salut Public jacobin, s'emparant de ces effroyables dispositions contre des conservateurs qui ne sauraient qu'opposer à ce *Patere legem quam ipse fecisti.* Que ce ne soient point là chicanes nées d'un esprit malade, jeux d'esprit d'un avocat sans scrupules, c'est ce que prouve la phrase dans laquelle un jurisconsulte, M. Fabreguette, a expressément reconnu qu'il est des cas où, malgré l'amendement de M. Bourgeois visant nominativement les anarchistes, la loi devrait élargir la portée de ses définitions en vue d'atteindre des crimes ou délits similaires. On sait où la méthode d'analogie peut entraîner des esprits prévenus.

J'estime d'ailleurs que ce sont là des considérations secondaires. Quand bien même les lois d'exceptions ne pourraient frapper, comme elles prétendent viser, que des anarchistes, elles n'en seraient pas moins la honte du Code parce qu'elles en violent tous les principes. Une société qui, pour vivre, aurait besoin de telles mesures aurait signé de ses propres mains son arrêt de déchéance et de mort. Ce n'est pas sur l'arbitraire, sur l'injustice, que l'on peut fonder la sécurité sociale. La redoutable crise déchaînée dans ce pays par le crime de quelques hommes, la complicité de quelques autres, la lâcheté d'un plus grand nombre et l'indifférence d'un nombre plus grand encore, n'aura pas été sans quelque compensation si elle ouvre les yeux à ce qui reste d'amis du droit, de fermes défenseurs de la justice, de républicains intègres, à certains dangers et à certains devoirs.

A la lueur aveuglante de *l'affaire*, nous avons entrevu des abîmes d'iniquité. Il nous a été révélé des choses auxquelles nous ne voulions et ne pouvions croire. La scélératesse de quelques hommes a eu une répercussion effrayante sur la faiblesse de beaucoup d'autres. Il est démontré qu'il n'existe pas de plus grand péril que de faire crédit aux individus — fussent-ils empanachés, couverts de galons et d'étoiles. Il est évident qu'il n'est pas de pire danger que de faire à des juges — mêmes civils — le redoutable présent d'un droit arbitraire de vie et de mort sur toute une catégorie de citoyens. Après la légitime défiance des hommes, cette crise nous aura appris la défiance non moins salutaire des institutions. Si nous sortons vainqueurs de ce grand combat, si la justice et la vérité l'emportent, quelle tâche s'offre ou plutôt s'impose à nous !

Quiconque a gardé au cœur le moindre souffle du libéralisme de nos pères, quiconque voit dans la République autre chose que le marchepied de sordides ambitions, a compris que le seul moyen de préserver le modeste dépôt de nos libertés acquises, le patrimoine si peu ample de nos franchises héréditaires, c'est de poursuivre sans relâche l'œuvre de justice sociale de la Révolution. A cette heure on ne peut plus être un libéral sincère, consciencieux, qu'à la condition de faire publiquement et irrévocablement adhésion au parti de la Révolution. Cela, pour deux raisons : parce que tout se tient dans une société et que la liberté n'est qu'une forme vide et un vain mot, un trompe-l'œil hypocrite, tant qu'on ne lui donne pas sous forme d'institutions les conditions sociales de sa réalisation individuelle ; puis, parce que le peuple seul a gardé quelque foi, quelque idéal, quelque.générosité, quelque souci désintéressé de la justice et que le peuple, par définition, nécessairement, est révolutionnaire et socialiste.

Donc *l'affaire* aura eu ce bienfaisant résultat de faire prendre position sur ce terrain large et solide à ceux qui avaient bien l'intuition de ces vérités, mais que des scrupules ou des timidités retenaient et qu'il n'a pas fallu moins que l'appel pressant d'un grand devoir pour arracher aux charmes morbides du rève et de l'inaction. Avant d'entreprendre une à une les innombrables réformes qui constitueront le programme du nouveau parti et qui figurent sur les *cahiers* du travail, il faudra déblayer le sol. Il serait impossible de conquérir, fût-ce une parcelle de justice, en laissant subsister la menace des lois d'exception de 1893-1894. C'est le premier coup de pioche qu'il faudra donner.

Tous, nous le sentons. Tous, nous l'avons dit et répété aux applaudissements du peuple dans ces réunions publiques que n'ont blâmées ou raillées que ceux qui n'y sont pas venus et où s'est scellée l'alliance féconde entre les travailleurs intellectuels et les travailleurs manuels sur la base commune de la conscience et de la science mises au service du progrès. Il y a là des engagements qui ont été pris, qui devront être, qui seront tenus, et tout le monde en est si convaincu que le Comité d'une Association qui a mené avec courage le bon combat, mais qui est loin de représenter l'élément avancé, le Comité de la Ligue des Droits de l'Homme et de Citoyen, a nommé une commission de cinq membres pour étudier, tout d'abord dans leur application, des lois d'exception de 1893-1894 et pour lui présenter ses conclusions dans un rapport.

Bon espoir donc et à l'œuvre ! De l'excès du mal naîtra le mieux. C'est au feu de la bataille que se forgent les armes bien trempées. Nous avons vu, nous avons subi les crimes d'un militarisme aussi contraire aux intérêts de la défense nationale qu'aux libertés publiques. Nous voyons apparaître à l'horizon le fantôme arrogant d'un césarisme clérical comme le monde n'en a pas connu. Le danger est grand. Grand doit être notre courage. On n'arrête pas le progrès. L'humanité vit de justice et de liberté. Ce sera assez pour nous d'avoir donné notre effort, et, s'il le faut, notre vie, pour une telle cause.

FRANCIS DE PRESSENSÉ

# Comment elles ont été faites.

I. — On comprend sous le terme générique de *Lois scélé-rates* trois lois distinctes : la loi du 12 décembre 1893 ayant pour objet de modifier la loi du 29 juillet 1881 sur la presse ; la loi du 18 décembre 1893 sur les associations de malfaiteurs ; la loi du 28 juillet 1894 ayant pour objet de réprimer les menacées anarchistes.

Les deux premières ont été présentées par MM. Casimir-Perier et Antonin Dubost, la troisième par MM. Charles Dupuy et Guérin. Dirigées contre les anarchistes, elles ont eu pour résultat de mettre en péril les libertés élémentaires de tous les citoyens. Elles permettent au premier « gouvernement fort » qui surviendra de tenir pour nulle la loi de 1881, loi incomplète, mais libérale et sensée dans son ensemble, et l'une des rares lois républicaines de la République. Elles abrogent les garanties conférées à la presse en ce qu'elles permettent la saisie et l'arrestation préventive ; elles violent une des règles de notre droit public en ce qu'elles déferent des délits d'opinion à la justice correctionnelle ; elles violent les principes du droit pénal en ce qu'elles permettent de déclarer complices et associés d'un crime des individus qui n'y ont pas directement et matériellement participé ; elles blessent l'humanité en ce qu'elles peuvent punir des travaux forcés une amitié ou une confidence, et de la relégation un article de journal.

On sait que ces lois sont excessives et barbares. On trouvera prochainement dans cette Revue la liste de leurs victimes. Quant à moi, je voudrais résumer leur histoire. Votées en une séance comme le fut la première, ou en quinze comme le fut la troisième, je voudrais montrer ce qu'en fut la discussion, chercher si elle fut complète, si elle fut loyale, si elle fut lucide. C'est un travail qui mènera sans doute le lecteur, comme moi-même, à des réflexions désobligeantes et amères.

On peut être souvent déçu quand on veut savoir comment nos ministres gouvernent et comment nos législateurs font les lois.

II. — Le samedi 9 décembre 1893, Vaillant lançait, dans l'hémicycle de la Chambre des députés, cette bombe qui n'interrompit pas la séance. Le lundi 11 décembre, M. Casimir-Perier, pour sauvegarder à la fois « la cause de l'ordre et celle des libertés publiques » et « considérant que la fermeté ne peut exister sans le sans-froid », soumettait à la Chambre un ensemble de mesures répressives, et lui demandait de *discuter aussitôt* la plus urgente : la loi sur la presse.

Le garde des sceaux Dubost montait alors à la tribune et exposait l'économie de ce projet de loi. Je le résume. Alors que la loi sur la presse ne punit que la provocation directe aux faits qualifiés crimes, le nouveau texte frappait la provocation indirecte, c'est-à-dire l'apologie. Les pénalités étaient élevées. Dans tous les cas — exception faite pour les délits contre la sûreté intérieure de l'Etat — le juge pouvait, contrairement au principe posé par l'article 49 de la loi du 29 juillet 1881, ordonner la saisie et l'arrestation préventive.

Un délit nouveau, de nouvelles peines, une procédure nouvelle, c'était là matière à discussion. M. Dubost lut le texte et, après cette lecture rapide d'un texte compliqué, invita la Chambre, en posant la question de confiance, à déclarer l'urgence et la discussion immédiate et à voter, séance tenante, le projet de loi du gouvernement.

On verra par ce qui suit que la Chambre ne lui opposa pas une vive résistance. M. Goblet parut à la tribune. Il reprocha au ministère de rétablir dans les lois, après vingt-trois ans de République, les vieux délits qu'elle s'était fait honneur d'avoir supprimés. Il combattit la discussion immédiate. Il affirma que la Chambre paraîtrait manquer de sang-froid, et même d'une certaine élégance, en votant fiévreusement des lois de répression après le crime commis dans son enceinte. M. Casimir-Perier lui répondit avec une dédaigneuse concision. M. Camille Pelletan demanda le renvoi au lendemain. M. de Ramel, plus modeste, mais craignant, quelle que fût l'urgence, « que la Chambre ne semblât céder à un sentiment d'affolement en votant un texte dont elle avait à peine entendu la lecture », demanda qu'une commission fût nommée sur le champ et déposât son rapport dans la séance même. M. Jullien implora une simple suspension de séance, une suspension *d'une demi-heure* « pour donner la possibilité de lire le texte de loi déposée ». A ces divers orateurs, M. Casimir-Perier, soutenu par les applaudissements frénétiques du centre, répondit en posant plus impérieusement la question de confiance. La Chambre obéit.

Par 404 voix contre 143, elle repoussa le renvoi au lendemain ; par 389 voix contre 156, elle refusa de suspendre sa séance. La discussion de ce texte difficile, *qui n'avait été ni imprimé ni distribué*, mais à peine lu du haut de la tribune, commença. Elle ne fut pas longue. Pour critiquer, il faut connaître : l'ignorance générale arrêta les objections. M. Pourquery de Boisserin demanda quelques explications sur l'article 1er. Le garde des sceaux répondit en lisant les placards libertaires et un extrait de la Revue Anarchiste. M. Jullien demanda qu'en cas d'arrestation préventive le juge d'instruction fût tenu de rendre une ordonnance de renvoi ou de relaxer le prévenu dans les 24 heures. Le garde des sceaux répondit d'un mot et se refusa à discuter la proposition de M. Jullien « qui n'en avait pas apporté le texte à la tribune ». Il y a dans cette réponse une certaine ironie involontaire que l'on goûtera.

Ce fut tout. 413 voix contre 63 adoptèrent, après une discussion d'une demi-heure, un texte capital, qui modifiait une loi votée après deux ans de travaux parlementaires, qui touchait aux principes les plus certains du droit public. La pression du ministère avait tout emporté. La Chambre avait cédé sous la menace d'une crise. Nous retrouverons ces procédés-là.

Les scrutins sont faciles à analyser. Contre le ministère : les socialistes et quelques radicaux (MM. Brisson, Goblet, Pelletan, Mesureur, Guieysse). Pour lui : le reste de la Chambre, y compris MM. Bourgeois et Cavaignac. Ainsi se forment les hommes d'Etat démocratiques.

La loi votée par la Chambre fut portée au Sénat sans désemparer ; le Sénat déclara l'urgence et renvoya la discussion au lendemain 12 décembre. M. Trarieux fut nommé rapporteur. La loi fut votée à l'unanimité des 263 votants, sans que personne eût pris la parole pour la combattre.

III. — Pour la loi sur les associations de malfaiteurs, on se pressa moins. On attendit quatre jours. Déposée le 11 décembre, elle fut discutée le 15 décembre, sur le rapport de M. Flandin.

Elle n'était pas moins grave que la précédente. Elle ne modifiait pas seulement quatre articles du Code pénal ; elle lésait un des principes généraux de notre législation. La loi française pose en principe que « le fait coupable ne peut être puni que quand il s'est manifesté par un acte précis d'exécution ». Aux termes de ce nouveau texte, la simple résolution, l'*entente* même prenait un caractère de criminalité.

C'est sur ce mot d'*entente* que la discussion porta. Elle fut brève. M. Charpentier vint protester contre la précipitation avec laquelle le gouvernement demandait à la Chambre de créer ainsi à la fois un nouveau mot et un nouveau crime. MM. Jourde, de Ramel, Goblet montrèrent que tout peut être considéré comme une entente, une lettre, une conversation, le hasard d'une rencontre. La Chambre ne les écouta pas. M. Flandin répondit qu'on voulait précisément atteindre des groupes non organisés, des concerts fortuits, des associations provisoires, et qu'à dessein l'on avait choisi le mot le plus vague qu'offrit la langue. Un amendement de M. Jourde, tendant à remplacer le mot entente par les mots « résolution d'agir concertée et arrêtée », fut repoussée par 406 voix contre 106. — 406 voix contre 39 votèrent aussitôt après l'ensemble du projet de loi.

« La résolution d'agir concertée et arrêtée », c'est la définition du complot dans le Code pénal. Et c'est sur l'exemple du complot que se fondaient précisément le ministère et la commission pour justifier la loi nouvelle. Pourquoi dès lors se refusaient-ils à y introduire la même définition légale ? N'était-ce pas assez de punir l'intention alors que la loi n'a jamais voulu réprimer que l'acte ? Fallait-il encore se refuser à limiter, à préciser, à définir l'intention ? — Encore, pour le complot, peut-on comprendre cette anomalie. Un complot, est un crime spécial, connu, d'un caractère nettement politique. Mais quelle entente punissait la nouvelle loi ? L'entente a en vue de commettre *des attentats contre les personnes et les propriétés*, c'est-à-dire tous les crimes possibles.

La loi n'exigeait même pas que ces crimes eussent le caractère d'un crime de propagande anarchiste. Et les peines dont on frappait cette « entente », c'étaient les travaux forcés à temps et à la relégation. Il y a mieux. Après avoir organisé par le nouvel article 266 une véritable « prime à la délation », la loi punissait, des mêmes peines que l'entente, la *participation* à cette entente, c'est-à-dire le hasard d'une conversation surprise, le logement donné à un inconnu, un service rendu sans comprendre, une commission faite sans savoir. La participation à une entente, je ne crois pas que la casuistique criminelle puisse jamais aller plus loin.

Le logeur d'un assassin, l'ami d'un cambrioleur, un passant, un commissionnaire, un inconnu pouvaient tomber sous le coup de la loi nouvelle. Le procès des Trente devait le montrer sans retard. On affirma à la Chambre qu'on ne voulait poursuivre que les complots contre la paix publique. Mais nous n'avons qu'une chose à examiner : le texte. Et le texte ne dit rien de pareil. La Chambre cependant n'en exigea pas davantage. Ses scrupules ne durèrent pas plus de trois quarts d'heure. Elle vota. Dans la minorité, outre les socialistes, on ne trouve guère que M. Pelletan et ses amis ; MM. Goblet et Brisson s'abstinrent. Le 18 décembre, le Sénat, sur le rapport de M. Bérenger, adoptait le même texte *sans discussion* et à l'unanimité des votants.

A chacune de ces lois nous trouverons leur vice interne. Elles sont nées malsaines. On voit leurs tares dès le premier jour. Dans la dernière nous sentirons la cruauté, et une espèce d'absurdité poussée parfois jusqu'à la folie. Dans celle-ci nous avons touché du doigt la servilité, la cécité, une sorte d'ignorance irresponsable. Mais ce n'est pas une excuse pour les hommes qui agissent de ne pas savoir ce qu'ils font.

IV. — En demandant le vote des lois de décembre,
M. Antonin Dubost avait dit :

« Messieurs, par le premier vote que vous êtes appelés à
émettre sur les projets que nous avons déposés, vous allez
dire si vous êtes décidés à débarrasser le pays, comme
l'exigent son intérêt et son honneur, de cette association de
malfaiteurs.

« Quant à nous, nous y sommes résolus, et, si nous avons
votre concours, si vous nous donnez les armes nécessaires,
*nous en finirons.* »

Ainsi parlait M. Dubost le 12 décembre 1893. Le dimanche
24 juin 1894, M. Carnot, président de la République, mourait
à Lyon, assassiné.

Le lundi 9 juillet, le garde des sceaux, un sénateur du Vau-
cluse nommé Guérin, montait à la tribune, et donnait lecture
d'un nouveau projet de loi destiné à atteindre ceux qui, « en
dehors de tout concert et de toute entente préalable, font *par
un moyen quelconque*, acte de propagande anarchique ».

M. Guérin résumait en quelques mots la loi nouvelle. Il
s'agissait non seulement des délits prévus par la loi du 12
décembre 1893 (délits de presse, délits *publics*), — mais de
tous les actes de propagande, quels qu'ils fussent, des actes
de propagande secrète, intime, confidentielle, résultant d'une
conversation entre amis ou d'une lettre privée. Ces délits
étaient désormais déférés *non plus au jury, mais à la juridiction correctionnelle*, « une répression rapide étant seule
efficace ». L'emprisonnement devait être individuel sans
qu'aucune diminution de peine pût s'ensuivre. Les tribunaux
pouvaient décider que *les condamnés seraient relégués à
l'expiration de la peine*. Les tribunaux pouvaient *interdire
la reproduction des débats* (1).

_____

(1) Projet de loi du gouvernement :
Art. 1er. — Les infractions prévues par les articles 24 et 25 de la loi du
29 juillet 1881 modifiés par la loi du 12 décembre 1893 sont déférées aux
tribunaux de police correctionnelle.
Art. 2. — En dehors des cas prévus par l'article précédent, tout individu
qui sera convaincu d'avoir, par des moyens quelconques, fait acte de propagande anarchiste en préconisant des attentats contre les personnes ou
contre les propriétés, sera déféré aux tribunaux de police correctionnelle,

La lecture de ces dispositions rend tout commentaire superflu. Le Cabinet où siégeaient, à côté de M. Guérin, MM. Charles Dupuy, Félix Faure, Barthou, Poincaré, Hanotaux, Georges Leygues, etc., pouvait se vanter d'avoir laissé du premier coup derrière lui les textes les plus fameux du second Empire. La loi de Sûreté générale à laquelle M. Guérin avait fait d'ailleurs quelques emprunts heureux, restait par comparaison, incomplète, timide, et presque pudique.

Contre les anarchistes, l'émotion du moment eût pu faire comprendre les excès absurdes de cette loi. Mais, dans la pensée du gouvernement, elle ne visait pas seulement les anarchistes. Elle était une loi de terreur contre tous ses adversaires politiques. Les ministres l'ont nié. Préfèrent-ils qu'on montre leur grossière ignorance ou leur criminelle mauvaise foi ? Peu nous importe d'ailleurs leurs protestations ; nous n'avons qu'une chose à juger, le texte présenté par eux. Qu'on en juge : L'article 1er qui renvoyait à la juridiction correctionnelle, et l'article qui punissait de la relégation les délits prévus par les articles 24 et 25 de la loi sur la presse, négligeaient complètement de spécifier — comme le fit plus tard l'amendement Bourgeois — que l'effet de ces nouvelles dispositions serait limité aux actes de propagande anarchiste. Or, les articles 24 et 25 comprennent *presque tous les délits de presse* ; l'article 24, § 2, en particulier, concerne la provocation aux crimes contre la sûreté intérieure de l'Etat, c'est-à-dire les délits politiques par excellence. Il suit de là que, si la Chambre avait adopté dans sa teneur le projet du gouvernement, la France se serait réveillée avec une loi qui, sous couleur de réprimer les menées anarchistes, permettait de

puni d'un emprisonnement de trois mois à deux ans et d'une amende de 100 à 2,00 ) francs.

Art. 3. — La peine de la relégation pourra, en outre, être prononcée contre les individus condamnés en vertu de la présente loi.

Art. 4. — Les individus condamnés en vertu de la présente loi sont soumis à l'emprisonnement individuel, sans qu'il puisse résulter de cette mesure une diminution de la durée de la peine.

Art. 5. — Dans les cas prévus par la présente loi et dans tous ceux où le fait incriminé aura un caractère anarchiste, les cours et tribunaux pourront interdire, en tout ou en partie, la reproduction des débats.

2

déférer à une chambre correctionnelle, — jugeant à huis-clos, interdisant la reproduction des débats et pouvant, à une condamnation principale de trois mois de prison, joindre, comme peine accessoire, la relégation perpétuelle, — une campagne revisionniste ou antimilitariste, un exposé de doctrines sociales, les cris de A bas Méline, ou de Vive la Révolution.

C'était bien l'intention de M. Dupuy. Nous n'en pouvons douter, et je dis là des noms et des choses que les républicains ne devraient pas oublier. M. Brisson et M. Millerand le démontrèrent d'une façon péremptoire. Et, au surplus, le texte est là. On peut bien, comme le firent les ministres, arguer d'erreurs et d'inadvertances. Mais personne ne pourra croire à des erreurs comme celles-là. Du reste, au cours de la discussion, on vit M. Lasserre, rapporteur, sommé de donner une définition de l'anarchie, définir tranquillement le socialisme révolutionnaire ! Un des deux articles cités par M. Dupuy, dans son unique discours, était d'un socialiste notoire, M. Maurice Charnay, article contre la peine de mort, qu'avec une insigne mauvaise foi M. Dupuy donnait comme une apologie de la propagande par le fait. On était si résolu à confondre le socialisme et l'anarchie que M. Deschanel, répondant à M. Jules Guesde, l'accusait explicitement, grâce à des citations qui, naturellement, furent reconnues falsifiées, d'être l'auteur responsable des crimes de Vaillant et de Caserio. Et c'était bien là une accusation préméditée, car M. Deschanel, sommé de montrer la brochure d'où ces citations étaient extraites, dut déclarer qu'il ne l'avait pas sous la main. Il avait donc, chez lui, à l'avance, préparé ses citations et sa théorie, et c'était bien un dessein prémédité et non pas un hasard de discussion. Peut-on s'étonner, d'ailleurs, qu'on ait voulu, de parti-pris, englober le socialisme dans un projet de loi où M. Goirand voulait introduire une disposition contre les insultes à la magistrature, et M. Flandin, membre influent de la commission, un article contre la licence des rues ?

La commission n'alla pas tout à fait aussi loin que le gouvernement. L'article 1er remanié ne visa plus l'article 24, § 2, — c'est-à-dire les délits contre la sûreté intérieure de l'État. Elle ne voulut pas conserver dans la loi le terme trop expressif de *moyens quelconques*. Elle le remplaça par ces mots qui ne sont pas beaucoup plus précis : provocation et apologie. Enfin, la Chambre, sur l'intervention de M. Bourgeois, devait limiter l'application de l'article 1er aux actes de propagande anarchiste. Mais la loi restait hypocrite et atroce, et on allait en confier l'application à ce ministère qui l'avait voulue plus atroce encore et plus hypocrite. Les orateurs de l'opposition qui se succédèrent à la tribune sans trouver de contradicteurs, MM. Brisson, Goblet, Denys Cochin, de Ramel, Millerand, montrèrent au surplus qu'elle était inutile, qu'on ne pouvait concevoir aucun délit anarchiste que les lois de 93 ne pussent réprimer, et qu'elle restait inintelligible et absurde à moins qu'elle ne fût dirigée contre la presse. On vint dire aux ministres de la République que la Restauration et l'Ordre Moral, dans des temps plus troublés que ceux-là, n'avaient pas craint de laisser au jury les délits de presse, que la juridiction correctionnelle n'était pas plus rapide que la cour d'assises, que, même elle l'était moins puisqu'on pouvait y multiplier les incidents et les exceptions de procédure, que le jury s'était montré aussi résolu contre les anarchistes que les juges, que le courage accidentel était moins rare que le courage professionnel. Aucun député ne répondit ; le gouvernement et la commission répondirent peu de chose. On vit M. Guérin, dans le même discours, à quatre lignes d'intervalle, affirmer successivement que les crimes anarchistes n'étaient jamais le fruit d'une entente et que le parti anarchiste était puissamment organisé. Il restait coi devant une objection de M. Brisson et suppléait à ce silence par une dissertation d'une demi-colonne insérée après coup au *Journal Officiel* du lendemain. Quand il se trouvait embarrassé, il recourait à l'éternel procédé des Raynal et des Dubost, il lisait des journaux ou des placards anarchistes. Plus de discussion, des citations. Quant au rapporteur Lasserre, il n'avait qu'un argument, et il le multiplia. La loi proposée n'étant pas une loi d'exception puisqu'on rendait les délits de presse au juge de droit commun des délits, au juge correctionnel. Misérable calembour juridique dont il a été fait cent fois justice ! D'après le

droit commun les délits de presse n'iraient ni au juge correctionnel ni à aucun autre, car ils ne seraient pas punissables. Le Code pénal ne punit que la complicité directe, matérielle, concrète ; il n'atteindrait pas les provocations ou la propagande de la loi de 1881. Le délit de presse est par lui-même exceptionnel ; le rendre au juge du droit commun, qu'est-ce que cela signifie ?

V. — Je n'ai pas besoin de dire que cependant la Chambre vota le passage à la discussion des articles. Elle repoussa le contre-projet de M. Guesde qui, par une ironie pleine de raison, demandait simplement qu'on abrogeât les lois d'exception de 1893. Elle repoussa, par 298 voix contre 238, le contre-projet de M. Julien Dumas qui admettait le nouveau délit de propagande privée créé par l'art. 2, mais qui ne voulait pas de la correctionnelle, n'admettant pas « une infraction de presse jugée dans l'ombre par des juges nommés, choisis, envoyés par le gouvernement et pouvant prononcer une peine perpétuelle ». Des amendements plus modestes de MM. Rouanet et Chapentier furent repoussés et, après des débats houleux et d'une extrême confusion, l'art. 1er, enrichi de la disposition de M. Bourgeois, fut voté par 426 voix. La majorité qui ne parlait pas, se rattrapait en lançant les interruptions les plus bizarres. L'opposition luttait pied à pied. Elle multipliait les amendements et les scrutins à la tribune. La Chambre peu à peu s'affolait. Les débats offrirent bientôt un curieux mélange d'intolérance et d'incohérence que deux incidents, que je choisis presque au hasard, feront sentir plus vivement que tous les commentaires.

Le 20 juillet, M. Rouanet proposait un amendement aux termes duquel, pour frapper les provocations aux militaires, on aurait distingué entre le temps de guerre et le temps de paix. Au cours de sa discussion, il cita ces paroles du général Foy : « L'obéissance de l'armée doit être entière, absolue, lorsqu'elle a le dos tourné à l'intérieur et le visage tourné vers l'ennemi, mais elle ne doit plus être que conditionnelle lorsque le soldat a le visage tourné vers ses concitoyens. » M. Georges Berry interrompit alors : « *C'est là le langage d'un factieux.* » « Si le citoyen Labordère était là, continua

M. Rouanet, est-ce que vous protesteriez contre lui ? » Une voix au centre répondit : *Oui*.

Un autre jour, M. de la Porte, en quelques mots, et fort modestement, vint porter à la tribune une objection purement grammaticale. L'art. 2, dit-il, vise les individus qui auront, *soit par provocation, soit par apologie des faits spécifiés...* C'est là, observa-t-il, une simple faute. On ne peut dire, tout au moins en respectant les règles ordinaires de la grammaire : provocation des faits spécifiés. Le gouvernement décline mal. On devrait dire : soit par provocation aux faits spécifiés, soit par apologie des mêmes faits. Ne modifiez pas votre texte. Mais venez reconnaître votre erreur à la tribune.

Je copie à l'*Officiel* la réponse du garde des sceaux Guérin :

« Messieurs, *je comprends mal, je l'avoue, la question que m'adresse l'honorable M. de la Porte.* M. de la Porte demande : Qu'est-ce que la provocation ? Qu'est-ce que l'apologie ?

M. de la Porte. — Ce n'est pas cela du tout !

M. le garde des sceaux. — Je lui réponds : La provocation et l'apologie ce sont les moyens ; le but c'est l'incitation à commettre le crime ou le délit. Dans ces conditions, je le répète, *je ne comprends pas la question qui m'est adressée*, et je demande à la commission de repousser l'amendement. »

Les circonstances donnent à ces anecdotes une sorte de comique excessif et macabre. Mais dans la double séance du 21 juillet, ce fut presque de la folie. Un amendement Montaut-Brisson vint insérer dans la loi une disposition capitale, puisqu'elle est unique dans nos lois, et qui rendait licites les provocations à la désobéissance des militaires, quand les ordres reçus par eux étaient contraires à la Constitution. On ne peut que louer l'initiative de M. Montaut et le discours de M. Brisson, mais cet amendement, voté malgré le ministère, donnait déjà quelque obscurité au texte de l'art. 2. Immédiatement après, la majorité votait deux amendements de MM. Bertrand et Pourquery de Boisserin, formellement contradictoires, puisque le premier tendait à ne punir les provocations aux militaires que lorsqu'elles avaient un caractère anarchiste, et que le second était ainsi conçu : les mots « dans un but de propagande anarchiste (inscrits en tête de l'art. 2 et qui gouvernaient l'ensemble de cet article) ne s'appliqueront pas aux provocations ». La Commission qui avait déjà modifié son texte entre les séances des 20 et 21 juillet reçut mission de préparer séance tenante un nouveau texte de l'art. 2 qui conciliât tant bien que mal ces deux dispositions trop peu cohérentes. Un quart d'heure plus tard, elle présentait sans sourciller le projet suivant dont je me permets de recommander la lecture attentive :

Sera déféré aux tribunaux de police correctionnelle et puni... tout individu qui... sera convaincu *d'avoir, dans un but de propagande anarchiste :*

1º Soit par provocation, soit par apologie des faits spécifiés, incité une ou plusieurs personnes à commettre, soit un vol, soit un crime de pillage, de meurtre..., etc. ;

2º Adressé une provocation à des militaires... dans le but de les détourner de leurs devoirs (*sic*) et de l'obéissance qu'ils doivent à leurs chefs dans ce qu'ils leur commandent pour l'exécution des lois et règlements militaires (*sic*) et la défense de la Constitution républicaine, *alors même que ce ne serait pas dans un but de propagande anarchiste.*

Je n'exagère rien. On trouvera à *l'Officiel* ce texte extraordinaire, que j'ai même allégé d'incidentes inutiles. Il ne semble pas qu'on ait jamais poussé plus loin l'incohérence et la contradiction. M. Pelletan montait alors à la tribune et déclarait « que non seulement on était en train de voter une loi dont la rédaction serait un défi au bon sens et à la langue française, mais encore qui finirait par ne plus avoir le sens commun ». M. d'Hulst, « en présence du désordre navrant qui règne dans cette délibération », demandait à la Chambre de s'ajourner jusqu'au 25 octobre. La Chambre se séparait dans l'agitation la plus confuse, et l'on pouvait croire la loi menacée. C'était la sixième séance consacrée exclusivement à cette discussion.

VI. — C'est alors que la brutalité commença. Au début de la séance du 23 juillet M. Charles Dupuy, qui ne portait pas encore le trait-d'union, cette « particule des démocraties »,, laissait tomber les déclarations qui suivent, accentuées par sa grossièreté naturelle : « Le gouvernement et la commission se sont mis d'accord sur un texte que nous considérons comme définitif ; nous vous déclarons qu'il est impossible d'accepter aucun amendement. Nous vous demandons, messieurs, de rejeter tous les amendements *qui pourraient être proposés.* »

M. Brisson protestait éloquemment contre ce langage inconstitutionnel, mais le texte de la commission, le nouveau texte définitif, qui était le 4e texte définitif soumis à la Chambre, ne subit en effet aucun changement (1). Les amendements et les discours se multiplièrent ; la majorité ne fléchit plus. Elle se prononça avec la même persistance têtue sur les objections de principe ou sur les critiques de rédaction. On lui signala doucement des erreurs légères, des expressions peu juridiques ou même de simples solécismes. Rien n'y fit. La Chambre votait aveuglément ; le ministère et la commission ne daignaient même plus répondre.

C'est ainsi que furent écartés silencieusement, mécaniquement les amendements de M. Charpentier demandant qu'on ne pût être recherché pour une lettre privée ou pour un propos tenu à son domicile ; de M. Viviani demandant que les domestiques et les délateurs ne pussent être entendus comme témoins. La commission se vengeait à sa manière du spectacle ridicule qu'elle avait donné pendant huit jours. M. Guérin, M. Audiffred, président de la commission — qui préside encore quelque chose — M. Lasserre, rapporteur, ne se don-

(1) Il ne se distinguait des textes antérieurs que par de faibles nuances. Un 4e paragraphe de l'article 2, relatif aux provocations aux militaires qui n'auraient pas le caractère anarchiste (amendement Pourquery de Boisserin), essayait de masquer la contradiction grossière du texte. En revanche, on décidait que, dans ce cas, la relégation ne pouvait être prononcée. Enfin, d'après l'article 3, la relégation n'était plus prévue en tout état de cause, comme dans le projet du gouvernement, mais seulement quand l'anarchiste avait été déjà frappé d'une condamnation antérieure et était condamné comme anarchiste à une année au moins d'emprisonnement.

naient plus le mal de monter à la tribune. Ils répondaient
d'un geste, d'une insolence : la Chambre votait.

M. Pelletan vint dire que la relégation, ce n'était plus qu'un
mot hypocrite ; que la relégation, telle qu'on l'appliquait dans
les colonies pénitentiaires, cela s'appelait d'un autre nom :
les travaux forcés, — prononcés désormais par la police correctionnelle ; que c'était ainsi comme une peine de mort admi-
nistrative, la mort en sept ans, « par annuités », — punis-
sant désormais ces délits de plume et de parole que le gouvernement déclarait vouloir rendre au droit commun, M. Guérin lui répondit dédaigneusement en dix phrases. M. Balsan,
royaliste, vint demander en quelques nobles paroles que la
relégation ne pût être prononcée que par la cour d'assises.
Son amendement fut rejeté silencieusement par une majorité
de républicains qui ne parut même pas en comprendre la portée. Ils votaient avec une sorte de honte ; pas un membre de
la majorité ne vint défendre le projet à la tribune ; mais ils
votaient. Par une sorte de chantage nouveau, M. Dupuy
forçait la Chambre à choisir entre une crise ministérielle
que les circonstances rendaient spécialement dangereuse,
et l'adoption muette d'une loi folle ; elle obéit. Mais je ne
lui vois même pas ce courage qu'il y a quelquefois dans
l'obéisssance.

M. Balsan, M. Viviani, M. Mirman, M. Millerand, M. Alphonse
Humbert parlèrent successivement sur la relégation sans que
personne se levât pour leur répondre. Ce fut en vain qu'on
demanda que la relégation ne fût pas collective, que les relégués ne fussent pas envoyés à la Guyane (où la mortalité
annuelle est parfois de 62 0/0), que l'option fût permise entre
la relégation et le bannissement, que la durée de la relégation
pût être limitée à cinq ans. Aucune modification, aucune atté-
nuation ne fût admise. La guillotine sèche fut votée par 327
muets.

M. Dénécheau vint montrer avec évidence que l'art. 5, qui
permettait aux tribunaux d'interdire la publication des débats,
conduisait pratiquement aux conséquences les plus iniques
ou les plus absurdes. 323 muets laissèrent à l'arbitraire des
tribunaux le droit d'appliquer dans l'ombre des peines per-

pétuelles. Puis, après un admirable discours de M. Jaurès, qui rejetait sur la majorité opportuniste, sur la majorité du Panama et des lois d'affaires, la responsabilité première de cet anarchisme qu'elle venait si férocement réprimer, qui accusait les financiers et les concussionnaires d'avoir, les premiers, enseigné « aux jeunes gens à l'âme violente » le mépris de l'autorité, le mépris de la République et jusqu'au mépris de la mort, — après un dernier assaut de l'opposition demandant que la durée de cette loi d'exception, comme celle des lois d'exception allemandes, fût limitée d'avance par le législateur, et qu'on n'inscrivît pas à titre définitif de semblables textes dans nos codes, après ces derniers efforts, 269 députés contre 163 et 96 abstentions votèrent l'ensemble du projet de loi.

Elle fut portée au Sénat le jour même. M. Trarieux, rapporteur, en exposa les dispositions principales et le Sénat, malgré les efforts de M. de Verninac, ordonna la discussion immédiate. M. Floquet, dont on avait annoncé à grand bruit l'intervention, commença un discours ; mais déjà malade, il dut s'interrompre presque aussitôt. Ce fut sa dernière apparition à la tribune. MM. Arago et Girault, et même M. Bérenger, protestèrent en quelques mots. Puis on passa au vote. 205 voix contre 34 adoptèrent la loi.

VII. — Ce scrutin est sans intérêt. Mais les scrutins de la Chambre, au contraire, sont pleins d'utiles enseignements. Une partie des radicaux, et par exemple MM. Goblet, Brisson, Doumer, Pelletan repoussèrent l'ensemble de la loi dont ils avaient d'ailleurs repoussé un à un chaque article. La droite pure vota contre, avec MM. Cochin et de Ramel, ou s'abstint, avec MM. de Lanjuinais et Balsan. Je ne dirai rien des ralliés et des opportunistes : leur zèle n'avait pas faibli. MM. Méline, Barthou, Ribot et Deschanel votèrent comme on peut imaginer qu'ils aient voté. M. Léon Bourgeois et ses amis, après avoir voté contre le changement de juridiction consacré par l'article 1er et pour divers amendements, tel que celui de M. Boissy-d'Anglas (qui tendait à limiter la durée de la loi), en adoptèrent cependant l'ensemble. Cette attitude conduirait à d'amères réflexions les spectateurs assez naïfs pour avoir conservé quelque illusion sur la probité républicaine de cet homme d'Etat trop distingué.

Il est certain que l'intervention active de M. Bourgeois au cours du débat, dans la discussion générale ou sur l'un quelconque des amendements que lui-même devait voter, aurait détaché une trentaine de voix d'une majorité têtue, mais honteuse, et par là même amené la chute du ministère et l'effondrement du projet de loi. Moins courageux que M. Brisson, M. Léon Bourgeois n'osa pas compromettre sa réputation d'homme de gouvernement. Il se tut. C'est une attitude, jointe à plusieurs autres, que n'oublieront pas quelques-uns de ceux qui furent jadis ses amis muets, mais efficaces.

Il est vrai que M. Bourgeois s'est vanté depuis lors d'avoir, par son amendement à l'article 1er (qui consistait, on s'en souvient, à ajouter au texte du gouvernement ces mots : *lorsque ces actes auront pour but la propagande anarchiste*, d'avoir, dis-je, adroitement et sans l'air d'y toucher, brisé dans la main du gouvernement l'arme aiguisée contre la liberté. Il faut toujours se méfier de ces habiletés hypocrites. J'avoue volontiers que l'amendement de M. Léon Bourgeois était habile et qu'il eut l'art de le faire voter comme s'il était tout naturel, évident et accepté par tout le monde. Je répondrai tout d'abord que ce sont là de ces adresses grâce auxquelles on se tient un peu aisément quitte de son devoir. Mais examinons la question de plus près. Il est exact que le texte voté par les Chambres différait en plusieurs points du projet de MM. Guérin et Charles Dupuy. Les délits contre la sûreté intérieure de l'Etat cessaient d'y être visés. La relégation ne pouvait plus être prononcée dans tous les cas, puisque on exigeait désormais une condamnation principale à une année au moins d'emprisonnement et outre une condamnation antérieure. Mais, en vérité, ce ne sont là que des nuances dans l'absurdité ou dans la brutalité. Enfin la disposition additionnelle de M. Bourgeois avait été votée à mains levées ! Pour les lecteurs et les électeurs naïfs qui penseraient qu'ainsi amendée la loi devait rester inoffensive, je me contenterai de transcrire le commentaire d'un magistrat fort expert, M. Fabreguettes, aujourd'hui conseiller à la Cour de cassation :

« Quand pourra-t-on dire qu'il s'agit d'un acte de propagande anarchiste, d'un but de propagande anarchiste ?

« La caractéristique de l'anarchie, c'est l'acte de propagande par le fait, c'est-à-dire le crime, l'attentat individuel.

« En cela, il y a une différence entre l'anarchiste et le socialiste révolutionnaire. Celui-ci entend procéder non par mesures individuelles successives, mais par la révolution générale.

« *Mais on sent combien il est difficile de distinguer :* ce sont toujours des actes individuels qui préludent à une insurrection, et une révolution n'est que la somme totale d'actes de rébellion, de sédition, d'attentats particuliers.

« De même, on n'aura pas toujours la ressource de trouver dans les antécédents la preuve que le coupable est affilié à l'anarchie. Du reste les criminels anarchistes sortent presque tous du socialisme révolutionnaire... La nature du propos, du discours, de l'écrit ne donnera presque jamais une clarté suffisante. *On pourra les attribuer indifféremment à un anarchiste ou à un socialiste révolutionnaire.* »

Et encore ce passage plus candide :

« Nous craignons fort que la nouvelle loi soit peu applicable si l'on veut ne la réduire qu'à des anarchistes avérés. Il arrivera forcément que, dans les temps troublés, ceux où l'on procède par fournées et où le besoin de sécurité publique prend parfois le pas sur des interprétations trop bienveillantes *(sic)*, on sera obligé de ne pas restreindre le champ d'application. »

VIII. — C'est assez montrer que la loi, avec sa cruauté intacte, avait conservé son caractère d'hypocrisie équivoque qu'y avait *volontairement* introduit le gouvernement.

Les trois lois des 12 et 18 décembre 1893 et du 28 juillet 1894 sont encore aujourd'hui toutes prêtes pour donner à une réaction cléricale ou à une dictature militaire une arme aussi meurtrière et plus sûre que les lois de sûreté générale ou que la loi de prairial an II.

Aussi ne sera-t-on pas étonné d'apprendre que, depuis leur promulgation, l'abrogation en a été proposée à la Chambre. On apprendra sans plus de surprise, que les deux fois, la Chambre les a soigneusement maintenues dans le Code qu'elles complètent si heureusement.

Le 14 novembre 1895, M. Bourgeois étant consul, M. Julien Dumas a interpellé le gouvernement « sur les mesures qu'il compte prendre pour restituer au jury l'appréciation des délits d'opinion ». Le ministère Bourgeois était formé depuis peu de jours ; sa situation était difficile ; sa majorité, instable. S'il eût pris fermement parti pour l'abrogation de la loi Dupuy-Guérin, je crois qu'une majorité l'eût suivi. Mais, à son ordinaire, M. Bourgeois n'osa point prendre parti. Il prononça un discours vague, habile et dilatoire. La gauche républicaine et socialiste, qui voulait le maintenir au pouvoir, n'insista pas. Un ordre du jour de M. Sarrien approuvant les déclarations du gouvernement fut voté par 347 voix contre 87. Le scrutin est étrangement paradoxal : MM. Guesde, Millerand et Jaurès votèrent pour le gouvernement, c'est-à-dire pour le maintien provisoire des lois d'exception. Une partie des opportunistes et des ralliés repoussèrent l'ordre du jour, ce qui revenait à demander l'abrogation immédiate de ces lois qu'ils avaient votées. MM. Méline, Barthou, André Lebon, Turrel et le gros de leurs amis, qui les avaient votées également, s'abstinrent plutôt que de donner leurs voix à M. Bourgeois. Voilà de beaux exemples de parti-pris et de discipline.

MM. Léon Bourgeois et Millerand purent sentir leur faute quand, le 28 mars 1898, M. Gérault-Richard vint à son tour demander au gouvernement de M. Méline l'abrogation des lois de 1893 et de 1894. Le garde des sceaux s'appuya, pour combattre la proposition Gérault-Richard, sur l'exemple qu'avait donné en 1895 M. Bourgeois et la gauche républicaine. Il cita les paroles mêmes de M. Bourgeois. 340 voix contre 154 l'approuvèrent presque sans discussion. Que pouvait-on reprocher au ministère modéré quand il venait dire : Le ministère radical en a fait autant. Tel est le prix des louvoiements, des hésitations, des marchandages. Du reste, l'ancien cabinet Bourgeois se divisait dans le scrutin même : MM. Lockroy et Mesureur votaient la proposition Gérault-Richard ; MM. Cavaignac, Louis Ricard, Sarrien et Viger la rejetaient ; quant à MM. Guieysse, Guyot-Dessaigne ainsi que M. Bourgeois, leur maître, ils préféraient s'abstenir.

IX. — Telle est l'histoire des lois scélérates : il faut bien leur donner ce nom, c'est celui qu'elles garderont dans l'histoire. Elles sont vraiment les lois scélérates de la République. J'ai voulu montrer non seulement qu'elles étaient atroces, ce que tout le monde sait, mais ce que l'on sait moins, avec quelle précipitation inouïe, ou quelle incohérence absurde, ou quelle passivité honteuse elles avaient été votées.

Dans ce résumé trop bref, j'aurais voulu apporter encore plus de sécheresse. Les faits suffisent ; ils sont plus éloquents que toutes les indignations. Je m'excuse donc s'il m'est arrivé quelquefois de les énerver par mon commentaire. Mais je n'ai pu chasser de ma mémoire ces matins de juillet 1894, où dans les journaux, dans *l'Officiel*, nous cherchions avec angoisse si la Chambre avait osé aller jusqu'au bout, si elle n'avait pas eu tout d'un coup l'écœurement de son ouvrage, si elle n'avait pas retrouvé devant quelque absurdité trop énorme ou quelle atrocité trop sauvage, cinq minutes de conscience et de courage. Quelle fièvre ! J'ai des haines et des amitiés silencieuses qui datent de ces jours-là.

Tout le monde avoue que de telles lois n'auraient jamais dû être nos lois, les lois d'une nation républicaine, d'une nation civilisée, d'une nation probe. Elles suent la tyrannie la barbarie et le mensonge. Tout le monde le sait, tout le monde le reconnaît ; ceux qui l'ont votée l'avouaient eux-mêmes. Combien de temps vont-elles rester encore dans nos Codes ?

On sait à qui nous les devons. Je m'inquiète pas d'un Lasserre ou d'un Flandin sans importance. Ils ont déjà disparu. Mais les ministres qui les ont conçues, qui ont profité d'un moment d'horreur et d'affollement pour les imposer, qui ont fait subir jusqu'au bout à une Chambre obéissante leur menace sous condition ? J'ai dit leurs noms, je les répète : après Casimir-Perier, avec le garde des sceaux Guérin, il y eut Dupuy, Hanotaux, Poincaré, Georges Leygues, Barthou et, le plus grand de tous, Félix Faure. Ajoutons-y M. Deschanel, qui seul de la majorité, intervint à deux reprises. Dans le débat, ne trouve-t-on pas tous les grands noms de la République néo-opportuniste ? Est-ce que, s'il reste des républicains dans la République, ces hommes-là ne devraient pas toujours rester marqués, flétris, honnis ? Mais nous n'avons plus la vigueur des grandes haines ; nous pardonnons, nous oublions. Et nous avons vu cette chose extraordinaire : un cabinet *de conciliation* présidé par l'Auvergnat des lois scélérates et de la Bourse du Travail.

Quoiqu'il en soit, il y a un devoir impérieux, immédiat, pour cette Chambre : abroger les lois scélérates. On verra le parti qu'ont pu en tirer les gouvernements, l'usage qu'hier on en faisait encore. Cela ne peut plus durer. Il est impossible que la proposition Gérault-Richard ne soit pas reprise, et, un jour ou l'autre, si les radicaux l'appuient, elle sera votée. Que les républicains y songent, ils n'ont plus beaucoup de fautes à commettre. Pour un parti qui se vante d'avoir des principes ce sont des grandes fautes que les petites habiletés. Personne n'y tient plus, à ces lois, personne ne les défend plus, et les juristes de l'avenir ne se plaindront pas de ne pas les avoir connues. Je sais bien que dans deux ou trois ans elles ne serviront peut-être plus. Mais elles ont déjà trop servi. Et surtout il ne faut pas qu'une réaction de demain s'en serve.

Un Juriste

# L'application des lois d'exception de 1893 et 1894.

Un léger frisson troubla la quiétude des majorités, d'ordinaire si sereine d'inconscience, le jour où les « lois scélérates » furent inscrites dans le Code.

Mais bientôt chacun, dans son for intérieur, se morigéna et, afin de n'avoir pas à s'indigner de tout l'arbitraire que ces lois nouvelles faisaient prévoir, se fit une raison :

« A quoi bon s'effrayer ? Les lois scélérates étaient un tonnerre de parade. On allait reléguer ça dans le magasin aux accessoires légaux et elles ne seraient guère qu'un croquemitaine pour grands enfants... croquemitaine d'apparence rébarbative, mais en réalité bénin, — bonne pâte, carton-pâte. »

Les faits ont formellement démenti cet optimisme hypocrite : les lois scélérates ont été appliquées, — le sont encore. Pour l'établir, il me suffira de résumer les condamnations prononcées depuis quatre ans.

On peut lire plus haut l'historique et exposé le mécanisme des lois scélérates : celle du 12 décembre 1893 contre la presse ; celle du 18 du même mois, sur les associations de malfaiteurs, qui atteint l'individu dans ses relations ; celle du 28 juillet 1894, sur les menées anarchistes, qui frappe l'isolé assez imprudent pour rêver tout haut, et qui ajoute la relégation au châtiment principal.

L'acte d'Etiévant, directement provoqué par cette loi de relégation, suffirait seul à la condamner.

Etiévant sortait de prison ; il écrivit un article, saisi en manuscrit aux bureaux du *Libertaire,* au cours d'une perquisition. Cet article, M. Bertulus en prit connaissance et le rendit aux rédacteurs du *Libertaire* avec une moue mi-aimable, mi-dédaigneuse : « Ce n'est pas si raide que cela !... » L'article parut (n'avait-il pas l'estampille du juge d'instruction ?) et le même juge d'instruction poursuivit.

En police correctionnelle Etiévant fut condamné, par défaut, à cinq ans de prison, plus la relégation. Ceci on en conviendra, ne manquait pas de « raideur ». Cette peine de la relégation fut infligée à l'accusé sous prétexte que sa condamnation de 1892 l'en rendait passible..., en vertu de la loi de juillet 1894.

Un point de droit absolu est que les lois n'ont pas d'effet rétroactif. Donc, strictement, Etiévant n'était pas réléguable.

On sait le reste : l'exaspération du condamné, son acte, son arrestation...

Est-il absurde de conclure que si les juges d'Etiévant s'étaient bornés à la simple application de la loi — déjà si draconienne ! — leur victime n'eut pas été incitée... à sortir de la vie en faisant claquer les portes ?

Ces magistrats n'ont d'ailleurs pas seuls renchéri sur le texte légal. Bien d'autres ont dédaigné le principe de *non-rétroactivité*, et nous les verrons à l'œuvre.

A peine la loi sur les associations de malfaiteurs était-elle promulguée que le parquet d'Angers, fin décembre 1893, faisait procéder à une quarantaine de perquisitions et d'arrestations pour aboutir, fin mai 1894, à poursuivre pour *entente* une demi-douzaine d'individus, accolés au hasard des malechances

De ces six, qui subirent le baptème de la loi sur les associations de malfaiteurs, deux furent acquittés (Mercier et Guénier) et quatre condamnés : *Meunier, à sept ans de travaux forcés et dix ans d'interdiction de séjour ;* Chevry, *à cinq ans de travaux forcés et dix ans d'interdiction de séjour ;* Fouquet (1), *à deux ans de prison ;* Philippe, *à cinq ans de prison avec application de la loi Bérenger.*

De charge contre ces hommes, — aucune, absolument aucune. L'acte d'accusation, qui serait à publier en entier, est un monument de sottise.

_____

(1) Le malheureux, soldat au moment du procès, fut envoyé en Afrique. Il y est mort... de privations assaisonnées des brutalités coutumières là-bas.

Une des plus grosses charges sur lesquelles le Laubarde-mont angevin insiste, est l'organisation d'une soirée familiale *publique* où l'on dansa chanta, prononça de violents discours... Tellement violents que le commissaire de police, présent à cette réunion, du début à la fin, ne fut en rien offusqué : il fit son rapport coutumier et aucun des orateurs ne fut inquiété. Mieux encore : cette soirée familiale avait eu lieu le 15 octobre 1893, deux mois avant la loi de décembre, et c'est au mépris de la non-rétroactivité qu'elle allait devenir une preuve d'association de malfaiteurs.

« Vous assistiez à la soirée familiale ! » dit gravement l'acte d'accusation à Mercier, Chevry et autres. A Philippe, il reproche d'avoir loué le local où se tint cette réunion et de l'avoir pittoresquement décoré : aux murs, des dessins et des allégories, au plafond, une marmite transformée en quinquet à pétrole.

C'est lui qui a organisé les fêtes familiales. On a trouvé chez lui la photographie de Ravachol ; on y a également trouvé des chansons anarchistes collées sur carton, destinées à être suspendues le long des murs pendant les réunions...

A la date du 15 février 1894, on a saisi à la poste d'Angers, avec l'adresse de Philippe, un paquet d'une vingtaine de placards...

Philippe étant sous les verrous, le juge d'instruction s'empara du paquet. Le vrai destinataire on eût-il pris livraison qu'il n'en découlerait pas qu'il fît partie d'une association de malfaiteurs, — et il n'avait rien reçu !

C'est tout ce que l'accusation lui reproche.

Contre Chevry, moins encore : le 22 décembre au soir, la police l'arrète et le trouve porteur de placards anarchistes, d'un pot à colle et d'un pinceau ; il est remis en liberté et ce n'est que plus tard qu'on l'incrimine de ce chef. L'acte d'accusation est catégorique.

Aucun fait nouveau n'a été relevé contre lui depuis la tentative d'affichage du 22 décembre dernier, mais il est certain qu'il était un des habitués des réunions tenues chez Philippe...

Cela, et rien autre ! a été suffisant pour que l'on condamnât ce malheureux à cinq ans de travaux forcés.

3

Contre Meunier, le plus rigoureusement frappé, — sept ans de bagne ! — les charges sont aussi peu sérieuses. Je cite toujours l'acte d'accusation :

> Meunier s'est trouvé compris dans l'information suivie à Angers à la suite de la lettre écrite par lui de Brest à Mercier (l'un des acquittés) le 31 décembre dernier. Il avait à Angers, depuis longtemps, la plus détestable réputation.
>
> Des renseignements recueillis sur ses antécédents, ses propos déclamatoires et la correspondance saisie au domicile de ses parents, le représentent comme un esprit mauvais, dévoyé, ennemi par principe de toute autorité, dénué de sens moral, imbu des idées les plus fausses sur tout ce qui touche à l'organisation de la famille et de la société. Il suffit de se rendre un compte exact de ses aspirations, de lire ses sommaires proposés pour ses conférences...

Mais il y a la lettre, qui l'a fait impliquer dans le procès. La voici textuelle :

31 décembre 1893.

>     Mon cher ami,
>
> Dès que je pourrai, j'enverrai le reste de ce qui est dû à la propriétaire du panier. Ici comme chez toi le travail va peu u point. C'est vrai que nous sommes dans la mauvaise saison. Rien de neuf autrement, si ce n'est que j'ai depuis une quinzaine de jours d'affreux maux de dents. Le bal qui devait avoir lieu le 25 courant a raté, et pour cause. Pas de perquisitions à Brest aujourd'hui, c'est vrai qu'il n'y a point lieu d'en faire. Mais ces messieurs sont si heureux de visiter nos logements qu'ils pourraient bien plus tard... Enfin, on verra bien. Un bécot à M.-A., un bécot de nouvel an, ainsi qu'aux amis. Cordiale et vigoureuse poignée de main aux copains.
>
> MEUNIER.

C'est tout.

Seulement, ce que l'acte d'accusation ne dit pas, c'est la rancune des industriels de la région contre Meunier :

> Etabli à Angers au commencement de 1893, il avait pendant tout le cours de la grève des tisseurs (en août 1893) entretenu par sa parole ardente le zèle des grévistes...

Voilà son vrai crime. Et si Meunier est aujourd'hui à Cayenne, c'est uniquement pour sa participation active à la grève de 1893, — l'association de malfaiteurs n'a été que l'hypocrite prétexte légal.

Autant peut d'ailleurs s'affirmer de tous : en Philippe et en Chevry, ce sont les propagandistes que l'on a frappés.

Contre Fouquet, soldat à Versailles, l'accusation relève une unique lettre, écrite à Guénin, où en termes peu académiques, il disait son dégoût de la caserne. Et c'est cette lettre, saisie à la poste, qui fit comprendre dans le procès Fouquet et Guénier.

Quels rapports, quelle entente y a-t-il entre les six inculpés ?

L'acte d'accusation reste muet. Il nous apprend bien que Meunier, domicilié à Brest, a écrit à Mercier ; que Fouquet, soldat à Versailles, a écrit à Guénier ; que Chevry a été vu sortant de chez Philippe, — mais il ne nous dit pas quels liens relient ces trois couples et les rendent complices.

Des débats, moins à dire. Ils furent le délayage de l'acte d'accusation. A noter simplement l'argumentation du procureur général concernant Philippe : « Il appartient à une famille très honorable ; c'est un ouvrier modèle et un homme extrêmement bon..., et par cela même plus dangereux. »

Tenant compte de ses bons antécédents, la Cour condamna Philippe à cinq de prison, avec application de la loi de sursis. L'application de la peine fut suspendue — sur sa tête. Dès lors, il vécut avec la continuelle perspective de la maison centrale, à la moindre peccadille. Ce danger ne calma pas son ardeur : avec le même brio il continua à vulgariser ses idées et, pendant trois ans et demi, réussit à éviter tout écueil légal.

Et ce, jusqu'au jour où, Roubaix, en sa qualité de gérant de *la Cravache,* un journal anarchiste de la région, il fut poursuivi, devant la Cour de Lille, pour diffamation, par un grand industriel, M. Wibaux-Florin.

D'habitude, les procès semblables se bouclent par une amende octroyée au diffamateur. Il n'en a pas été de même pour Philippe : avec une âpre insistance, l'avocat général réclama une *peine corporelle,* afin que fussent rendus exécutoires, les cinq ans de prison suspendus depuis 1894. Le tribunal acquiesça et condamna l'inculpé à un mois de prison.

Toute surprise étant inadmissible, les juges ont voulu que

leur verdict fût ce qu'il est : *une condamnation pour un article de journal prétendu diffamatoire, à cinq ans et un mois de prison.*

En même temps que, fixant l'attention de tous, se déroulait à Paris le procès des Trente, à Dijon, dans une indifférence complète, la même arme légale faisait des victimes.

Gabriel Monod, un exubérant, un bonasse, tenait à Dijon boutique de fripier et lui et sa boutique s'étaient acquis une quasi-célébrité. Aux clients, Monod, dédaigneux du commerce, expliquait ses théories et démontrait ce que sa profession aurait d'absurde dans une société équilibrée. C'est chez lui qu'était déposé le drapeau noir du groupe anarchiste dijonnais — et maintes fois le drapeau fut sorti de sa gaîne et accroché à la devanture de la friperie. Avec un intarissable flot de paroles, Monod aimait raconter comment un jour il berna la police : en perquisitionnant chez lui, sous un quelconque prétexte, les policiers découvrirent dans le fond d'un placard une boîte soudée, donc suspecte, avec l'inscription révélatrice « dynamite ». L'inscription, plus suspecte que la boîte, eût dû donner l'éveil ; pourtant avec d'inouïes précautions « l'engin » fut déménagé et quelques courageux spécialistes, s'abritant derrière d'énormes blindages, l'ouvrirent à l'aide de tenailles de longueur démesurée : il contenait... n'insistons pas.

En tout cela, jusqu'à la mort de Carnot, les magistrats dijonnais n'avaient pas trouvé motifs à incriminer Monod.

Ce jour-là, le fripier était installé dans un café à femmes où l'avait conduit un louche personnage, Quesnel. On buvait. Quesnel déblatérait, ponctuant son verbiage de grands gestes, et, haussant de plus en plus le ton, il approuvait les actes de l'un, blâmait ceux de tel autre, faisant des prédictions sinistres, ne s'arrêtant que pour s'humecter le gosier. Monod, bouche bée, écoutait le braillard avec béatitude. Après deux longues heures de station dans cet établissement, les deux amis se quittèrent. Arrivé chez lui, Monod trouva un agent qui lui enjoignit de se rendre chez le commissaire du quartier. Là, on lui annonça sa mise en état d'arrestation pour « apologie de faits qualifiés crimes ». Le pauvre naïf jura qu'il n'avait rien dit : on ne tint aucun compte de ses protestations : il fut incarcéré. Quesnel était arrêté le soir même. Voilà, dans leur exactitude, les faits qui ont jeté Monod au bagne ; on les retrouve dans l'acte d'accusation, avec le grossissement coutumier :

Le 25 juin dernier, vers huit heures du matin, au moment où la nouvelle de l'assassinat du président de la République se répandait à Dijon... Monod et Quesnel se trouvaient au café Faivre. Ils ne dissimulaient pas leur joie et disaient vouloir fêter, par de copieuses libations, l'attentat qui venait d'être commis. Quesnel, élevant la voix, se mit à crier : « Carnot est crevé ! Il est bien. Il n'a pas assez souffert avant de crever ! On devrait en faire autant à tous ceux qui lui succéderont. — Tu as raison, répliqua Monod, et pour le prouver nous allons nous saouler aujourd'hui. » A ces mots, il leva son verre, puis se mit à déblatérer contre la propriété et contre l'armée et, se retournant vers deux soldats assis à une table voisine : « Vos officiers sont des lâches, des crève-de-faim et des crapules ; les soldats ne devraient pas leur obéir et, en cas de guerre, se révolter contre eux et refuser de marcher. »

Un peu plus loin, l'acte d'accusation précise que « ces propos constituent l'apologie du crime et du meurtre, la provocation des militaires à la désobéissance et une provocation directe à l'assassinat ». Fort bien. Mais cela ne nous donne pas l'association de malfaiteurs ? — Comment ! va dire l'acte d'accusation, Monod pérorait journellement dans les cafés, et vous doutez qu'il soit un malfaiteur ?

Monod (depuis la loi du 19 décembre 93) a continué à être tous les jours en relations étroites avec les anarchistes militants de Dijon, ne cessant d'exposer dans les cafés qu'il fréquentait ses théories subversives et continuant à recevoir les journaux fondés en France ou à l'étranger pour les soutenir...

Quels sont et où sont ces anarchistes militants avec qui le pauvre diable était en relations ? L'accusation a oublié de le spécifier ; c'était pourtant utile. Prétendre que ces « relations » constituent l'association des malfaiteurs est insuffisant. Pourquoi n'avoir pas montré et prouvé ces fameuses « relations » ?

Gaillard, le troisième accusé de ce procès, peut difficilement passer pour « l'associé » de Monod ; il se borna à vouloir

acheter à sa boutique de friperie un ruban « bien rouge »
pour porter le deuil de Carnot :

> Vers huit heures et demie du matin, Gaillard se rendait au domicile de
> Monod et demandait à la concubine de celui-ci de lui donner un grand
> crêpe bien rouge pour fêter, disait-il, la mort du président de la Républi-
> que ; puis on le vit danser dans la rue en criant : « Carnot est crevé, il
> est bien ! »

Reste le second accusé, Quesnel, le personnage qui paya à
boire à Monod et entraîna son arrestation. Quelle fut exacte-
ment sa besogne dans ce procès ?

Son défenseur va nous édifier ; au cours de sa plaidoirie,
Me Jacquier prononça les graves paroles suivantes, que son
client ne désavoua, ni sur le moment, ni plus tard :

> Vous dites, monsieur l'avocat général, que mon client est un dangereux
> anarchiste. Mais regardez donc à telle cote du dossier, vous y trouverez
> une note de M. Agneli, commissaire de police à Lyon, affirmant avoir
> donné de l'argent à Quesnel pour l'avoir aidé à arrêter un compagnon,
> et avoir entamé des relations avec lui pour le faire entrer dans la police
> de sûreté politique. Quesnel n'a point refusé ces offres ; il a demandé à
> consulter sa famille. Mais celle-ci riche à 250.000 francs, jugeant sans
> doute peu honorable la profession d'agent de la sûreté, l'a engagé à refu-
> ser.

Ceci éclaire le procès d'un jour nouveau : Monod n'est pas
que tombé dans un traquenard légal, il a d'abord glissé dans
un piège policier.

Naturellement, l'acte d'accusation est catégorique sur les
relations de Monod et de Quesnel : ces deux-là sont réellement associés, — entre eux il y a bien association de malfaiteurs.

> Les détails relevés par l'information en ce qui concerne Quesnel four-
> nissent une nouvelle preuve du rôle joué jusqu'à ces derniers temps par
> Monod. Il est reconnu en effet par cet accusé que, lorsqu'il est arrivé à
> Dijon, trois mois avant le commencement des poursuites, il a été amené
> le jour même chez Monod.
> Il était recommandé, dit-il, par un compagnon dont il n'a pu indi-
> quer le nom. Aussitôt l'intimité la plus grande s'établit entre lui et
> Monod.

En dernier lieu, il faisait, de concert avec d'autres, des démarches pour fonder un journal qui, de leur aveu, devait avec des formes moins violentes, continuer l'œuvre commencée dans *la Mistoufle* (1). On a saisi au domicile de Quesnel une lettre écrite le 12 juin 1894, de Paris, par un individu qui signe : « Le secrétaire de la correspondance générale », signalant « la stérilité probable d'une propagande ambigüe atténuée surtout en province ».

J'ai cité, au long, ce passage de l'acte d'accusation, concernant les relations de Quesnel avec Monod, car il y a là la preuve que, ceci même, où l'amorçage est évident, le parquet n'a trouvé à incriminer que le projet de création d'un journal, d'un journal qui resta à l'état de rêve.

Quant à ce *secrétaire de la correspondance générale*, donneur de conseils, ceux qui savent combien les anarchistes répugnent à tout ce qui est paperasserie, le tiendront pour un personnage au moins aussi louche que Quesnel.

Après d'insignifiants débats, les trois accusés furent déclarés coupables par le jury ; Gaillard et Quesnel bénéficièrent seuls des circonstances atténuantes. Les quelques paroles de Gaillard et son désir de s'endeuiller de rouge lui valurent deux ans de prison. Quant à Quesnel, ses antécédents policiers ne lui évitèrent pas trois ans de prison. Ceci pourra étonner. On s'imagine que le contact policier protège des foudres judiciaires. C'est un piètre préservatif. Quesnel n'est pas le premier qui se soit trouvé en semblable posture et à qui les magistrats aient été impitoyables. Magistrature et police ont des relations plutôt fraîches et, souvent, cette rancune sourde a fait tomber de durs verdicts sur des serviteurs louches de la police. En tel cas, les chefs de ces peu intéressantes « victimes » n'ont qu'une ressource : recommander chaudement leur agent aux services pénitentiaires ; et ces recommandations portent leurs fruits : la « victime » est choyée et pourvue d'un poste qui en fait un mouchard de prison.

Le pauvre Monod paya cher son imprudente camaraderie : la Cour lui infligea *cinq ans de travaux forcés et la reléga-*

(1) Pamphlet anarchiste dijonnais, publié en 1892-93.

*tion* (1). Pourquoi la relégation ? Quand il fut frappé, trois semaines ne s'étaient pas écoulées depuis la promulgation de la loi de juillet stipulant que, pour délits anarchistes, tout condamné à plus d'un an de prison serait reléguable à une deuxième condamnation. Donc, quoique Monod eût à son actif une peine antérieure, régulièrement la loi nouvelle ne pouvait l'atteindre.

Jusqu'ici nous n'avons vu incriminer d'affiliation à une association de malfaiteurs que des propagandistes, ou des gens tenus pour tels. Ce crime de désirer un avenir meilleur, ceux-là l'ont payé du bagne.

Mais, que dire du verdict rendu par la Cour d'assises de Laon, le 15 novembre 1894 ? Là, au lieu de militants, les victimes furent deux malheureux diables, pris dans l'engrenage de la misère et ballottés, dès leur jeune âge, de prison en asile de nuit.

Le 13 juillet 1894, à 7 heures du matin, le commissaire spécial de police remarquait à la gare de Laon un gueux « d'allures suspectes », nu-pieds, misérablement vêtu. Interpellé, il déclara se nommer Lardaux, 21 ans, sorti la veille de la prison de Laon. On l'arrêta et, en le fouillant, on découvrit ce qui lui donnait « l'allure suspecte ».

Il fut trouvé porteur, dit l'acte d'accusation, de différents papiers parmi lesquels on découvrit une sorte d'alphabet de convention, dit alphabet islandais, et une enveloppe de lettre sur laquelle étaient inscrites différentes indications paraissant se rapporter à des formules chimiques. Un premier examen de ces formules, opéré par le Directeur de la Station agronomique de l'Aisne, ne laissa aucun doute sur leur nature, et on acquit la certitude qu'on avait entre les mains une formule d'explosifs.

Découverte précieuse ! L'imagination des policiers chevaucha : évidemment, ils tenaient le fil d'un vaste complot. Sans tarder, les détenus de la prison de Laon furent fouillés et sur l'un, Vautier, on trouva les objets suivants :

Un carnet contenant des pièces de vers, des adresses, des chansons anar-

(1) M. Vidal de Saint-Urbain, qui, dans ce procès, remplit les fonctions du ministère public, a été élu député de Milhau (Aveyron), aux dernières élections.

chistes. L'une des feuilles était couverte de chiffres paraissant à première vue être des calculs. Mais, en se reportant à la première page du carnet, on découvrit la clef d'un alphabet chiffré et il fut facile de se convaincre que ces prétendus calculs n'étaient autre chose que des formules chimiques analogues à celles que possédait Lardaux Vautier était en outre détenteur de deux feuilles de papier ; sur l'une était le croquis d'une bombe et en marge l'indication de la manière de la fabriquer et de la charger. L'autre feuille contenait quelques renseignements sur la composition et la nature de l'explosif à charger une bombe.

Convenablement cuisiné, le pauvre Lardaux avoua tout ce qu'on voulut. La terrifique formule d'explosif, il se l'était procurée pour se venger de son beau-père, qui, voulant se débarrasser de lui, affirmait-il, l'avait fait enfermer deux ans et demi dans une maison de correction. Depuis il n'avait pu se remettre à flot et il restait submergé sous une demi-douzaine de condamnations, toutes pour peccadilles de misère.

L'instruction se préoccupa d'abord de faire déterminer la valeur des formules chimiques trouvées sur Lardaux et Vautier. M. Girard, le chef du Laboratoire municipal de Paris, fut chargé de l'expertise. Il prit dans son tiroir son rapport coutumier et il le servit aux magistrats de Laon :

Les différentes formules permettent de préparer des engins explosifs d'une grande puissance... Il y a l'indication d'un engin dangereux, d'une force considérable, suffisante pour donner la mort à plusieurs personnes et causer de grands dégâts à l'immeuble où il serait placé... Les substances qui le composent et toutes les indications et les préparations qui figurent en marge du croquis constituent la plancastite de Turpin, substance douée d'une puissance considérable et donnant naissance à des gaz délétères et asphyxiants... Il y a l'énumération des produits employés comme amorces et détonateurs, et les corps indiqués comme produisant l'asphyxie sont tous des poisons extrêmement violents...

A en croire M. Girard, Lardaux et Vautier seraient de petits Turpins. Or, l'acte d'accusation déclare Lardaux « d'une intelligence ordinaire, sans instruction et ne possédant aucune notion de chimie... » D'où, logiquement, impossibilité pour lui d'utiliser les formules dont il fut trouvé porteur. Le rapport de M. Girard se trouve ainsi remis au point par l'acte d'accusation même.

Et Lardaux est réellement un pauvre d'esprit. L'acte d'accusation a encore exagéré son degré d'intelligence. Le médecin légiste, tout en concluant à sa responsabilité le déclare « bizarre d'allures et de maintien ». Ses codétenus n'avaient pas meilleure opinion de sa cérébralité ; le pauvre diable s'en confessait sottement en un interrogatoire : « On vous a dit que je n'ai pas tout mon bon sens. C'est-à-dire que j'ai eu la fièvre typhoïde et, à cause de cela, on m'a tourné en dérision, donné des sobriquets. Par exemple, ils étaient toujours à me dire : Qui a le marteau ? C'est Lardaux !... » Et chez le malheureux perçait la rancœur de ces familiarités irrévérencieuses ; il ne concevait pas pourquoi on le supposait affligé du « coup de marteau », lui avait en haute estime sa valeur intellectuelle.

C'est pour ce nigaud, hanté par l'idée falote de se venger de son beau-père, que Vautier copia des « formules chimiques ». Quelles notions de chimie avait celui-ci ? Du silence de l'accusation on peut conclure à zéro. D'ailleurs, Vautier n'attachait qu'une minime importance à ces « formules ». A un détenu qui assistait à ses papotages avec Lardaux, — car, ses « leçons de chimie », Vautier les donnait à son codétenu dans les préaux de la prison, — à ce tiers qui lui faisait observer combien ces gamineries étaient imprudentes, Vautier répondit : « C'est un imbécile ! Il m'ennuie pour que je lui copie ça !... »

Ces billevesées, les magistrats les prirent très au sérieux et y virent l'*association de malfaiteurs*.

Vautier fut condamné à *huit ans de travaux forcés*, Lardaux à *cinq ans de réclusion* et tous deux, leur peine terminée, seront relégués.

La loi sur les associations de malfaiteurs n'a pas été seule mise en vigueur : l'a été aussi la loi du 28 juillet 1894.

Une de ses premières victimes fut Paul Bury qu'en décembre 1894, pour simple délit de paroles, le tribunal correctionnel de Lille condamna à *13 mois de prison et à la relégation*. Le malheureux est actuellement à la Nouvelle-Calédonie, section mobile de la baie de Prony.

Le délit qui lui fut reproché était minime : il avait en

octobre 1894, pris la parole à une réunion socialiste tenue à Tourcoing ; dans le peu de mots qu'il prononça, le commissaire de police releva quantité de délits et fit arrêter Bury à la sortie de la salle.

C'est uniquement pour ce discours que Paul Bury a été relégué.

La pauvre diable, qui avait déjà été condamné, eut toujours la malechance de déplaire aux magistrats et de se les rendre implacables.

En 1883, en épilogue au procès qui suivit la manifestation de l'Esplanade des Invalides, à Paris, les anarchistes roubaisiens organisèrent une manifestation pour protester contre le verdict du jury de la Seine. Bury était au nombre des manifestants, porteur d'un drapeau rouge ; il fut arrêté et condamné, pour port d'emblème séditieux, à un an de prison. Il avait alors dix-huit ans.

Quand son heure fut venue d'aller à la caserne, on inscrivit sur son livret militaire : « Condamné pour vol », et on l'expédia en Afrique, de là au Tonkin. Il en revint fiévreux et l'intelligence affaiblie. Un jour, dans un accès de fièvre, il prit à un passant sa montre. Pour ce délit, — en somme excusable étant donné son état maladif et qui, à un pick-pocket de profession, aurait valu au maximum quelques mois, Bury fut condamné à trois ans de prison.

Si j'ai rappelé les antécédents de Bury, c'est pour souligner que ses juges lui furent toujours implacables, et que, loin de le frapper pour les seuls délits en cause, ils tinrent toujours compte dans l'application de la peine de ses convictions anarchistes.

A son dernier procès, pour délit de paroles, l'avocat général qui requérait insista pour une condamnation sévère et, à bout d'arguments, affirma que la mère de Bury le verrait reléguer avec plaisir.

Cette allégation était un mensonge. La pauvre mère n'a cessé de protester contre l'odieux des sentiments que lui attribuait ce magistrat. Aussitôt après le vote de la loi d'amnistie, en janvier 1895, elle écrivit au garde des sceaux, fit démarches sur démarches, frappa à la porte de tous les « hommes influents », M. le sénateur Scrépel entre autres, réclamant la mise en liberté de son fils. Protestations, lettres, suppliques, démarches, tout fut inutile.

Et, huit mois après l'amnistie, en novembre 1895, Bury ne sortait de la maison centrale de Béthune que pour être embarqué à destination de la Nouvelle-Calédonie.

D'un paquet de lettres, qui sont le meilleur démenti à opposer aux calomnies de l'avocat général de Lille, j'extrais les quelques passages suivants :

Calédonie, le 9 janvier 1897.

Chère mère,

... Que nous apportera l'année nouvelle ? Je l'ignore, mais je suis persuadé qu'elle sera moins terrible que la précédente ; je la passerai tout entière loin de toi, peut être, mais je suis habitué à la souffrance. Je puis supporter sans trembler ni faiblir tout ce qui se présentera : les années d'exil et de souffrance ne seront rien pour moi si j'ai le bonheur de te revoir un jour...

Ce que je désire le plus c'est le sommeil ; lorsque je dors j'oublie tout : les beaux jours passés, la vie du bagne où je suis actuellement, — car, entre nous et les « travaux forcés », ce qui diffère c'est l'habit, le reste est le même !

Oui, mère, pour avoir parlé 16 minutes je suis traité plus durement que D... qui, je crois, a frappé son père de dix-sept coups de couteau. Moi, relégué, j'envie parfois le sort du forçat ! D'autres fois, l'espoir me revient, je vois tout en rose, l'abrogation de cette loi d'exception qui pour quelques paroles nous tient séparés...

Calédonie, 27 juin 1897.

Chère mère,

... Tu me dis que tu ne m'abandonneras jamais dans mon malheur ; j'en ai la certitude, et c'est ce qui me rend patient...

Parfois, je réfléchis au passé, au présent. Je suis content d'avoir fait tout ce que j'ai fait : j'ai toujours travaillé pour le bien, j'ai fait mon devoir comme un être humain doit le faire, j'ai été condamné à la relégation par des gens qui ne me connaissaient pas...

Sais-tu combien je devrai faire de kilomètres pour payer les cinq sous du timbre-poste ? Soixante ! Car, pour gagner un sou, il faut travailler quatre heures et en quatre heures on fait douze kilomètres, dont moitié chargé de bois...

Calédonie, le 11 juillet 1897.

Mon cher Pierre,

... Dans le cas où tu jugerais que j'ai encore des années à passer loin de vous, je te prierai de voir s'il n'y aurait pas possibilité de m'envoyer 80 francs (moitié de ce que l'on reçoit est mis en réserve), il me serait accordé par conséquent 40 francs de disponibles et cette somme est exigée pour obtenir une permission de quatre jours à Nouméa. Allant à Nouméa je pourrais trouver un patron qui m'engagerait et sortir de la relégation collective, qui n'est purement et simplement que le bagne, ainsi que je vous l'ai déjà dit... Il y a une grande différence entre la relégation *collective* et l'*individuelle*.

Vous plaignez le forçat, vous autres qui avez des sentiments humains ; moi j'envie son sort, car si j'étais au bagne, je saurais que je serai libre un jour et ici je ne sais rien, car c'est le bagne perpétuel, — pour le pauvre du moins qui n'a eu perspective que la mort lente par l'anémie, ou la mort violente...

Calédonie, le 18 septembre 1897.

Chère mère,

... Si je l'obtenais (la relégation individuelle), en travaillant librement dans la colonie je pourrais t'aider ; il y a des mines, et quoique n'étant pas mineur, je pourrais gagner largement pour moi, sinon pour nous deux. Puis, je serais dégagé de la solidarité de la réclusion collective.

Comme je te l'ai déjà dit, j'ai une fois fait trente jours de cellule, cinq jours de prévention, puis sept jours de cachot à bord, pour une soi-disant mutinerie. L'on n'avait rien à me reprocher, mais ma réputation et le motif de ma condamnation me valurent cela...

Paul BURY.

Quand furent votées les lois scélérates, le ministère Dupuy argua de la pénurie répressive du Code. Il plaidait le faux à plaisir pour enlever le vote, car dans le Code, tel il était avant le remaniement de 1894, un juge d'instruction retors pouvait facilement puiser toutes les condamnations. Cyvoct, condamné à mort en 1884, — pour un article qu'il n'avait pas écrit, publié dans un journal dont il n'était pas le gérant — en vertu de l'article 60 du Code Pénal, en est une effrayante preuve. Grâce à cet *article 60*, on peut être englobé dans un procès quelconque, sous prétexte de complicité, d'*artifices coupables* et autres billevesées qu'un magistrat n'a pas besoin de démontrer, qu'il lui suffit de soupçonner. Et l'article 60 n'est pas le seul traquenard.

Liard-Courtois expie, à la Guyane, une peccadille que, journellement, tout le monde commet, capitalistes et prolétaires, ministres et miséreux. Qui de nous n'a pas changé de nom quelques dizaines de fois ? A qui n'est-il arrivé, pour des raisons graves ou gaies, de signer d'un nom autre que le familial, le registre d'hôtel ? Cette vétille, changer de nom, a coûté à Liard-Courtois cinq ans de travaux forcés.

Voici les faits :

En 1892, Courtois, poursuivi pour délits de paroles en réunions publiques à Reims et à Nantes, fut, par défaut, en vertu de la loi sur la presse de 1881, condamné à deux fois deux ans de prison.

Courtois se réfugia en Angleterre, d'où il émigra vite dans le Midi de la France. Continuer à s'appeler « Courtois » était scabreux : les réunions l'attiraient et une fois dans la salle il prenait la parole, s'exprimant en termes que les magistrats tenaient souvent pour malséants et provocateurs.

Le contumace prit le nom d'un de ses amis, un orphelin élevé par l'Assistance publique, anarchiste comme lui, et mort depuis six mois sans laisser de parenté connue : Courtois fit peau neuve en endossant le nom de « Liard ».

Le stratagème lui réussit dix-huit mois ; entre temps, le nouveau Liard eut quelques démêlés avec la justice, fit une demi-douzaine de mois de prison, mais sa vraie personnalité ne fut pas soupçonnée : il resta Liard pour tout le monde. Une dénonciation mit les magistrats sur la piste : Le faux Liard, emprisonné à Bordeaux pour un discours prononcé au cours d'une grève de sa corporation (il était peintre en bâtiments) devait être libéré le lendemain.

— Vous vous appelez Courtois ?

— Étrange supposition ! réplique le prisonnier avec une aisance parfaite.

Les magistrats comparèrent avec soin les deux signalements : celui du Liard qu'ils avaient sous la main avec celui du Courtois que, de Paris, leur avait envoyé M. Bertillon. Cet homme illustre avait anthropométré Courtois à diverses reprises et, comme il arrive chaque fois que son système est mis à sérieuse épreuve, l'expérience tourna à sa confusion : les deux signalements différaient formellement. Il ne restait donc qu'à libérer le prisonnier : ce qui fut fait :

Quarante-huit heures après les magistrats reconnurent leur erreur et leur exaspération contre Liard-Courtois, qui les avaient dupés si prestement, en fut accrue. Liard, se croyant désormais à l'abri de toutes suspicions n'avait pas quitté Bordeaux. On l'arrêta. Il fallait maintenant le condamner, et très fortement, pour le punir de s'être moqué de la justice.

Les lois scélérates lui étaient difficilement applicables, puisqu'il se trouvait en prison quand elles furent confectionnées.

Après force recherches et hésitations, on décida de le poursuivre pour *faux en écritures publiques*.

Les motifs allégués pour légitimer cette accusation furent naturellement spécieux : alors qu'il était incarcéré sous le nom de « Liard », Courtois écrivit à son juge d'instruction pour s'informer d'un avocat — et signa « Liard » comme de juste.

Donc, faux en écriture.

A sa sortie de prison, quand on lui rendit ses vêtements et autres objets il en donna décharge sur le livre du greffe, — et signa « Liard » pareillement.

Faux en écriture.

Six chefs d'accusation de même valeur — et il n'en fallut pas davantage pour envoyer Liard-Courtois en cour d'assises.

On était en novembre 1894, époque où il suffisait d'être soupçonné d'anarchisme pour encourir toutes les sévérités de la loi. Courtois et son avocat eurent beau prouver que dans les signatures incriminées il n'y avait aucun des éléments du faux en écritures publiques, même en s'en tenant à la lettre du Code, qui est formelle et exige pour que le faux soit avéré : premièrement, un préjudice causé ; deuxièmement, l'intention de nuire, chose que la plus insigne mauvaise foi ne pouvait faire ressortir du changement de nom accompli par Courtois.

A quoi l'avocat général répliqua : « L'accusé est anarchiste ! » et, grâce à ce « tarte à la crème », il se dispensa de démontrer la réalité délictueuse de faux en écriture. D'ailleurs, les jurés n'avaient cure de telle démonstration ; il leur suffisait de connaître les convictions de l'accusé. Ils rapportèrent un verdict de culpabilité *sans circonstances atténuantes*, — ce qui signifiait *vingt ans de travaux forcés*.

La Cour répugna à si anormale sévérité et prononça *cinq ans de travaux forcés*.

Au cours de la même audience, comme pour souligner qu'en frappant Courtois, c'était l'anarchiste et non le faussaire qu'on envoyait au bagne, un commerçant, poursuivi pour faux en écritures de commerce était acquitté. Et ces faux, grâce auxquels l'accusé avait encaissé une somme assez importante, étaient avoués, reconnus.

Les victimes légales dont j'ai parlé jusqu'ici furent frappées au cours de la fièvre terroriste de 1894. Depuis l'amnistie qui suivit la chute de Casimir-Perier et l'élection de Félix Faure, il y a eu détente, — mais détente plus superficielle que réelle.

La caractéristique de cette nouvelle période est l'hypocrisie : la magistrature passe la main à la police. Désormais, il y a peu de procès, c'est trop tapageur. On préfère soumettre les « suspects » à un régime tracassier qui a un résultat aussi efficace que l'emprisonnement : les « suspects » sont réduits sans bruit. Ils ne sont pas jetés au bagne, mais à la misère.

Voici apparaître un policier, le *pointeau*. Le *pointeau* a pour mission de passer plusieurs fois par semaine, au domicile de « suspects », plus ou moins anarchistes, dont liste a été dressée. Si encore le *pointeau* se bornait à visiter leur domicile, le désagrément pourrait n'être pas désastreux. Mais il rend visite aux patrons des « suspects » placés sous sa surveillance, les leur dénonce comme très dangereux et insinue qu'un homme d'ordre, respectueux des institutions républicaines, se doit de ne pas les employer. Neuf fois sur dix, l'employé, l'ouvrier est remercié… Et comme les manœuvres policières dont il est victime se renouvellent, il ne trouve plus de travail.

Bien entendu, aucun texte légal n'autorise pareille inquisition, — qui n'est pas le dernier mot de l'impudence de la police. Outre la surveillance minutieuse à laquelle sont soumis les « suspects », des mesures rigoureuses sont prises à leur égard : au moindre événement ils sont mis en état d'arrestation.

Lors du voyage du tsar Alexandre III à Paris, nombreuses furent les arrestations préventives ; d'autre part, chaque déplacement de Félix Faure est marqué par quelques rafles. Son récent voyage à Saint-Etienne (il en fut de même que ses précédents déplacements) a occasionné dans la région l'arrestation de nombreux suspects et « l'opinion publique » ne s'en est nullement émue, ce qui pourrait donner à penser que les français se russifient de plus en plus et se façonnent un « état d'âme » très moujik.

Cette surveillance et ces arrestations extra-légales ne sont pas les seules mesures arbitraires dont on ait usé et abusé depuis l'avènement de Félix Faure. Les lois scélérates ont été appliquées, — mais avec un doigté où se marquait le désir de ne pas attirer l'attention. Je me dispense d'énumérer les victimes maintenant libérées ; je n'en citerai que deux, parmi les plus sévèrement frappées : en octobre 1895, à Marseille, pour quelques paroles prononcées en réunion publique et jugées subversives, Octave Jahn était condamné à *deux ans de prison* ; en juin 1896 pour identique délit, à la salle d'Arras, à Paris, Louis Vivier était condamné à *dix-huit mois de prison*.

Plus récemment, en septembre 1897, à Milhau (Aveyron) les lois scélérates ont été appliquées dans toute leur rigueur à un propagandiste, Joseph Mouysset qui, outre sa peine principale, *un an et un jour de prison, a été condamné à la relégation*.

Mouysset s'était adonné avec passion à la propagande anarchiste et, pour y concourir efficacement, s'était improvisé marchand de journaux. « Salutiste » d'un nouveau genre, il ne répugnait pas à l'outrance pour attirer l'attention des indifférents sur les journaux qu'il offrait : il s'accoutra d'une longue blouse rouge et d'un énorme bonnet carré qui servait d'enseigne à ses publications. Son accoutrement lui valut, à Béziers, à Cette, à Marseille plus d'une algarade de la police, et aussi des condamnations, variées et minimes, pour refus de circuler, tapage, attroupement des foules et l'inévitable « insulte aux agents ».

En avril 1897, il arriva à Milhau et, pour se reposer des fatigues de ce genre de vie, se fit tout de suite embaucher chez un marchand de charbons ; il y resta une couple de jours, juste le temps matériel, pour la police, de le découvrir et de raconter ses antécédents à son employeur. La conséquence de telle démarche ne se fit pas attendre : il fut remercié et il chercha vainement à se replacer. Deux ou trois agents étaient sans répit à ses trousses, marchant sur son ombre ; une telle surveillance, dans la petite ville qu'est Milhau, eut vite signalé à tous le « suspect » et il ne trouva que portes closes.

Un mois après, il vaguait encore à la recherche de travail. C'était la foire aux domestiques : bouviers, valets et autres garçons de louage sont parqués en troupeaux dans un coin du forail où ils attendent l'acheteur, qui, rôdaillant autour de chacun, suppute les résistances au labeur.

Mouysset fit honte aux domestiques d'une résignation qui les abaisse au niveau de bêtes de somme. Aussitôt, il fut arrêté par les agents qui ne quittaient pas ses semelles et, pour troubles et cris séditieux, condamné à trois mois de prison. Sa peine terminée, il attendait sa mise en liberté, quand on vint lui annoncer qu'on le gardait, car, à nouveau, il allait être poursuivi pour avoir, dans la prison, chanté une chanson anarchiste.

Mouysset protesta et, ayant le droit de revêtir ses vêtements, refusa d'endosser sa casaque de prisonnier ; pour l'y forcer, le gardien se jeta sur lui et le frappa. Le détenu se défendit et, paraît-il, en se débattant il cassa un carreau et mordit au doigt son agresseur, qui voulait le bâillonner.

La chanson chantée par Mouysset fut qualifiée *menées anarchistes ;* le carreau cassé, *bris de clôtures*, et l'égratignure du garde-chiourme, *coups et blessures*.

Ces futilités, à un prisonnier ordinaire, auraient valu une huitaine de jours de cachot. Il en fut autrement pour Mouysset : il passa en police correctionnelle pour « menées anarchistes, bris de clôtures, coups et blessures » et fut condamné à *un an et un jour de prison, puis la relégation perpétuelle.*

Or, n'oublions pas la date de cette condamnation : fin de 1897. Nous sommes loin de 1894 et il serait puéril d'expliquer telle sévérité par l'écho des bombes venant troubler la sérénité du tribunal. D'ailleurs toute équivoque est impossible : le condamné s'étant pourvu en appel, le tribunal de Montpellier a confirmé le jugement, c'est donc bien l'application pure et simple des lois scélérates.

Je m'en tiendrais là, si je n'avais à attirer l'attention sur deux malheureux que les rigueurs du Code frappèrent antérieurement aux lois de 1893-1894 et qui sont dans toute l'étroitesse du terme, des *condamnés politiques,* quoique la peine qui les a frappés les classe dans la catégorie des prisonniers de droit commun.

Ce sont : Ernest Grangé, actuellement au bagne de la Nouvelle-Calédonie, et Girier-Lorion, actuellement à la Guyane.

Ernest Grangé était « de la classe ». Mais, conscrit peu énamouré de militarisme, il devança l'appel et gagna la Belgique. C'était en 1891. Il y resta peu de temps ; le manque de travail et le désir de venir en aide à ses deux très jeunes enfants et à sa compagne, le ramenèrent à Paris, rue Saint-Maur, où la petite famille végétait.

Une dénonciation le fit découvrir peu après ; les gendarmes vinrent l'arrêter, mais Grangé leur brûla la politesse, prit le galop, et se serait peut-être sauvé, si, comme la maréchaussée hurlait à ses chausses, un garçon épicier n'eût cru faire acte héroïque en lui barrant la route.

Pour s'ouvrir passage, Grangé tira au hasard un coup de revolver, qui ne blessa personne. Il fut arrêté quand même, et ce coup de revolver, lâché dans le hourvari d'une course haletante, valut à l'insoumis sa dure condamnation. Son intransigeance anarchiste avait, d'ailleurs, indisposé jurés et magistrats : le verdict eut une saveur de couperet, — pas de circonstances atténuantes.

La Cour atténua..., et prononça : *douze ans de travaux forcés et dix ans d'interdiction de séjour.*

L'avocat général, M. Roulier, n'avait pas supposé telle rigueur. Il fit appeler Sébastien Faure, qui avait présenté la défense de Grangé, et lui fit part de ses angoisses : « Ce verdict dépasse toutes mes prévisions... Que Grangé signe un recours en grâce et je l'appuierai... »

Sébastien Faure fit observer à M. Roulier combien ces angoisses étaient tardives et, aussi, combien il était illusoire de supposer que Grangé se départirait de son impassibilité pour s'abaisser à un recours en grâce. Cependant, famille et amis s'entremirent en faveur du malheureux. Ce fut en vain. De tragiques événements se déroulèrent qui firent dédaigner toute pitié,... et Grangé est toujours à la Nouvelle-Calédonie. Ce qu'est là-bas son existence, voici :

Veux-tu savoir ce qu'est le bagne ?

Eh bien, mon pauvre ami, le bagne est l'enfer sur la terre, c'est la souffrance physique et morale tout à la fois : c'est la faim au ventre et c'est l'abrutissement ; c'est la déchéance morale et c'est la dégénérescence physique ; c'est plus de sang dans les veines ! c'est plus de cœur sous la peau ! et c'est plus d'intelligence ! En un mot, c'est la perte complète de ce qui fut un homme, — il ne reste plus que la bête.

Et pourtant, le bagne n'est plus en 1897) ce que je l'ai trouvé en arrivant ici : en 1892, c'était les coups de trique, *pour rien* ; les coups de pieds et de poing ; les coups de crosse de revolver — et les balles dans la peau !

Malades, on n'était soigné que par les Canaques, sauvages qui étaient alors les auxiliaires des bourreaux.

Tout ce qu'on a dit à la Chambre des députés, à propos des inquisitions de la Guyane, est *au-dessous* de la vérité — en ce qui concerne ce qui s'est passé ici. Depuis cela a un peu changé : *on ne frappe plus*. Mais c'est encore bien triste quand même. La faim torture les hommes et leur fait faire mille bassesses que la plume se refuse à écrire...

Ah ! mon pauvre ami, si tu savais ce que j'ai souffert ! Malade le médecin affirmait que je n'avais rien ; je ne fus pas soigné — le mal partit je ne sais comment... Combien j'en ai vu *crever* (il n'y a pas d'autre terme !) et combien assassinés lâchement par les surveillants...

Dernièrement, déserteurs et insoumis ont été amnistiés.

Pourquoi Ernest Grangé ne bénéficierait-il pas de cette amnistie ? Son insoumission, il est vrai, se compliqua de voies de fait ; mais il y a plus de six ans qu'il est au bagne et, à l'estimation de M. Roulier, dix-huit mois de simple prison eussent très largement payé son anodin coup de revolver.

En tous les cas, *condamné politique* il l'est sûrement, car je le redis encore : s'il fut si sévèrement frappé, l'affirmation de ses convictions anarchistes en fut cause.

Girier, qui a vingt-huit ans, a passé treize ans en prison ; et sur ces treize ans, il a croupi huit mois en cellule de condamné à mort, attendant chaque matin l'exécution...

Condamné politique, il l'est indiscutablement ; mais il ne suffit pas d'établir le fait : sa vie vaut d'être connue, tant elle est douloureuse.

Girier est de Lyon. A treize ans, malheureux dans sa famille, il s'échappe et vague à l'aventure. Dans les rues il rencontre un homme qui lui donne à manger, lui offre un gîte. Il suit l'homme, mais l'abandonne bientôt, car son bienfaiteur a visiblement des intentions louches. Il se cache dans une cave où la police le déniche. Il est conduit au poste. Là, dans la bande de mouchards, le gamin reconnaît « l'homme », — c'était un policier. Mauvaise note pour le petit inculpé : on le condamne à huit jours de prison pour vagabondage et attentat aux mœurs. Les huit jours écoulés, Girier avait beaucoup réfléchi : ce fut un révolté qui sortit de prison.

C'était une époque d'effervescence ; Lyon bouillonnait. En 1883, les réunions se succédaient ; le gosse y va, et ne se borne pas à écouter : il parle ! Et il parle à des foules de deux et trois mille personnes. Ce gamin est écouté, applaudi. Un soir, le commissaire de police, trouvant trop acerbe le discours de Girier, veut imposer silence au petit orateur, qui lui répond vertement. D'où poursuites : insultes à un magistrat dans l'exercice de ses fonctions.

Pareil délit, pour un homme, est tarifé à quelques semaines, — quelques mois de prison au grand maximum.

Pour un enfant, il n'en va pas ainsi (et ceci est une des caractéristiques sociales : toujours la répression est d'autant plus brutale qu'est faible la victime), — Girier est condamné à l'internement dans une maison de correction jusqu'à dix-huit ans Il avait quatorze ans...

Vers le milieu de 1886, Girier sort de prison. Il a la chance de s'embaucher à Lyon. Un mois ne s'est pas écoulé que la police vient sermonner son patron, lui apprend qu'il occupe

un anarchiste et lui conseille de le remercier, — ce qui fut
fait. Toujours brouillé avec sa famille, Girier quitte Lyon et,
pourchassé par la police, il va de ville en ville, vagabonde
dans la région du Rhône, où, au cours de ses pérégrinations, il
récolte un an de prison, à la suite d'un discours en réunion
publique. Il file alors vers le Nord et, sous le nom de Lorion,
trouve à gagner sa vie ; son ardeur propagandiste lui vaut de
la part des chefs collectivistes, une animosité sourde.

Au cours d'une manifestation à Roubaix, provoquée par
l'enterrement d'un prolétaire qui, après avoir tué le directeur
de l'usine Vanoutryve, s'était suicidé, Lorion grimpe sur le
mur du cimetière, harangue la foule. Le lendemain, sous l'in-
fluence des collectivistes, un journal réactionnaire de Lille, la
*Dépêche*, insinuait que Lorion devait être un agent provocateur. Quelques anarchistes — le calomnié était du nombre —
vont le soir même aux bureaux de la *Dépêche* et, au refus de
rectifier, répondent par des voies de fait... Des arrestations
furent faites à Roubaix. Lorion, qui habitait Armentières, eut
le temps de s'esquiver et, quinze jours après, par défaut, il
était condamné à une douzaine de mois de prison.

Lorion, faisant peau neuve, alla s'installer au Havre, —
sous un nouveau nom ; il s'y croyait en sûreté quand l'organe
collectiviste de Lille, le *Cri du Travailleur*, rédigé par
M. Delory, maire actuel de Lille, le qualifiait catégoriquement
de mouchard et dénonçait son refuge, Le Havre. Sur quoi
oubliant toute prudence, Girier-Lorion prit le train pour Roubaix et organisa une réunion publique, convoquant ses dénon-
ciateurs à de franches explications.

La veille de la réunion, la police découvrit son domicile et
vint pour l'arrêter. Que faire ? Se laisser prendre, c'était accré-
diter les calomnies ; les collectivistes n'auraient pas manqué
de conclure à une comédie combinée pour tirer Lorion d'un
mauvais pas. Désireux d'éviter pareille interprétation, Lorion
reçut les policiers à coups de revolver : il en blessa un, bous-
cula l'autre qui roula dans l'escalier et, l'enjambant, il galopa
vers la frontière, peu éloignée. Les policiers lui firent la chasse,
criant : « A l'assassin !... Il a tué sa femme !... » Il fut rat-
trapé à quelques centaines de mètres de la frontière.

Quelques semaines après, Lorion-Girier passait aux assises et était condamné pour blessures aux agents *à dix ans de travaux forcés.*

Un peu plus tard on apprenait d'où était partie la dénonciation portée contre Lorion dans le *Cri du Travailleur* : en une réunion tenue à Lille (en décembre 1891), M. Delory dut avouer qu'il n'avait d'autre preuve des accointances policières de Lorion qu'une carte postale, mise à la poste de Bruxelles et signée « Boisluisant » — un individu qu'il avoua ne pas connaître. A cette même réunion, M. Delory dut avouer encore qu'il avait reçu une nouvelle lettre du « Boisluisant » dons laquelle ce personnage déclarait s'être trompé sur le compte de Lorion-Girier, regrettait de l'avoir accusé à tort et demandait qu'on insérât la rectification dans le *Cri du Travailleur.*

Ce qui ne fut pas fait.

Lorion fut embarqué à destination de Cayenne. En 1894 il eut la chance d'échapper au massacre des prisonniers anarchistes, — qualifié de « révolté » par l'administration pénitentiaire, — mais il n'en fut pas quitte ainsi : sous l'accusation d'être un des fauteurs de la révolte, il fut traduit en conseil de guerre et condamné à mort. Pendant huit mois, dans un cachot, il attend l'exécution. Enfin, au bout de huit mois, sa grâce arrive, — si on peut qualifier « grâce » ce supplice : *cinq ans de réclusion cellulaire.*

La réclusion *cellulaire,* c'est toujours la mort — mais plus affreuse que par la guillotine. Et depuis deux ans, Lorion-Girier endure ce supplice. Dernièrement, une note officielle le déclarait fou... Il est toujours au bagne. Ce malheureux, frappé pour ses convictions, victime de sectaires ombrageux autant que du Code, n'est-il pas un *prisonnier politique ?*

Me voici au bout de ma tâche. J'ai voulu dissiper documentairement l'illusion des hommes de bonne foi qui croient les lois d'exception de 1893-1894 inappliquées et inapplicables.

Les victimes sont là.

EMILE POUGET

# Texte des Lois scélérates.

*Loi portant Modification des articles 24, paragraphe 1er, 25 et 49 de la loi du 29 juillet 1881 sur la Presse.*

(Du 12 décembre 1893).

(Promulguée au *Journal Officiel* du 13 décembre 1893 )

LE SÉNAT ET LA CHAMBRE DES DÉPUTÉS ONT ADOPTÉ,

LE PRÉSIDENT DE LA RÉPUBLIQUE PROMULGUE LA LOI dont la teneur suit :

ARTICLE UNIQUE. — Les articles 24, paragraphe 1er, 25 et 49 de la loi du 29 juillet 1881 sur la presse (1) sont modifiés ainsi qu'il suit :

« Art, 24. — Ceux qui, par l'un des moyens énoncés en

(1) LOI DU 29 JUILLET 1881 :

Article 23. — Seront punis comme complices d'une action qualifiée crime ou délit ceux qui par des discours, cris ou menaces proférés dans des lieux ou réunions publiques soit par des écrits, des imprimés vendus ou distribués, mis en vente ou exposés dans des lieux ou réunions publiques, soit par des placards ou affiches déposés aux regards du public, auront directement provoqué l'auteur ou les auteurs à commettre la dite action si la provocation a été suivie d'effet. Cette disposition sera également applicable lorsque la provocation n'aura été suivie que d'une tentative de crime prévue par l'article 2 du Code pénal.

Art. 24. — Ceux qui, par les moyens énoncés en l'article précédent, auront directement provoqué à commettre les crimes de meurtre, de pillage et d'incendie ou l'un des crimes contre la sûreté de l'Etat prévus par les articles 75 et suivants, jusques et y compris l'article 101 du Code pénal, seront punis, dans le cas où cette provocation n'aurait pas été suivie d'effet, de trois mois à deux ans d'emprisonnement et de cent francs à trois mille francs d'amende. Tout cri ou chant séditieux proférés dans des lieux et réunions publiques, seront punis d'un emprisonnement de six jours à un mois et d'une amende de 16 à 500 francs ou de l'une de ces deux peines seulement.

l'article précédent, auront directement provoqué soit au vol, soit aux crimes de meurtre, de pillage et d'incendie, soit à l'un des crimes punis par l'article 435 du Code pénal, soit à l'un des crimes et délits contre la sûreté extérieure de l'Etat prévus par les articles 75 et suivants, jusques et y compris l'article 85 du même Code, seront punis, dans le cas où cette provocation n'aurait pas été suivie d'effet, de un an à cinq ans d'emprisonnement et de cent francs à trois mille francs (100 fr. à 3,000 fr.) d'amende.

« Ceux qui, par les mêmes moyens, auront directement provoqué à l'un des crimes contre la sûreté intérieure de l'Etat prévus par les articles 86 et suivants, jusques et y compris l'article 101 du Code pénal, seront punis des mêmes peines.

« Seront punis de la même peine ceux qui, par l'un des moyens énoncés en l'article 23, auront fait l'apologie des crimes de meurtre, de pillage ou d'incendie, ou du vol, ou de l'un des crimes prévus par l'article 435 du Code pénal. »

« Art. 25. — Toute provocation par l'un des moyens énoncés en l'article 23 adressée à des militaires des armées de terre ou de mer, dans le but de les détourner de leurs devoirs militaires et de l'obéissance qu'ils doivent à leurs chefs dans

---

Art. 25. — Toute provocation par l'un des moyens énoncés en l'article 23 adressée à des militaires des armées de terre ou de mer, dans le but de les détourner de leurs devoirs militaires et de l'obéissance qu'ils doivent à leurs chefs dans tout ce qu'ils leur commandent pour l'exécution des lois et règlements militair s, sera punie d'un emprisonnement d'un à six mois et d'une amende de 16 à 100 francs.

. . . . . . . . . . . . . . . . . . . . . . . . . .

Art. 49. — Immédiatement après le réquisitoire le juge d'instruction pourra, mais seulement en cas d'omission du dépôt prescrit par les articles 3 et 10 ci dessus, ordonner la saisie de quatre exemplaires de l'écrit, du journal ou du dessin incriminé. Cette disposition ne déroge en rien à ce qui est prescrit par l'article 28 de la présente loi. Si le prévenu est domicilié en France, il ne pourra être arrêté préventivement, sauf en cas de crime. En cas de condamnation l'arrêt pourra ordonner la saisie et la suppression de la destruction de tous les exemplaires qui seraient mis en vente, distribués ou exposés aux regards du public. Toutefois la suppression ou la destruction pourra ne s'appliquer qu'à certaines parties des exemplaires saisis.

tout ce qu'ils leur commandent pour l'exécution des lois et règlements militaires, sera punie d'un emprisonnement de un à cinq ans et d'une amende de cent francs à trois mille francs (100 fr. à 3,000 fr.) »

« Art. 49. — Immédiatement après le réquisitoire, le juge d'instruction pourra, mais seulement en cas d'omission du dépôt prescrit par les articles 3 et 10 ci-dessus, ordonner la saisie de quatre exemplaires de l'écrit, du journal ou du dessin incriminé.

« Toutefois, dans les cas prévus aux articles 24, paragraphes 1 et 3, et 25 de la présente loi, la saisie des écrits ou imprimés, des placards ou affiches aura lieu conformément aux règles édictées par le Code d'instruction criminelle.

« Si le prévenu est domicilié en France, il ne pourra être préventivement arrêté, sauf dans les cas prévus aux articles 23, 24, paragraphes 1 et 3, et 25 ci-dessus.

« S'il y a condamnation, l'arrêt pourra, dans les cas prévus aux articles 24, paragraphes 1 et 3, et 25 prononcer la confiscation des écrits ou imprimés, placards ou affiches saisis, et, dans tous les cas, ordonner la saisie et la suppression ou la destruction de tous les exemplaires qui seraient mis en vente, distribués ou exposés aux regards du public. Toutefois la suppression ou la destruction pourra ne s'appliquer qu'à certaines parties des exemplaires saisis. »

La présente loi, délibérée et adoptée par le Sénat et par la Chambre des députés, sera exécutée comme loi de l'Etat.

Fait à Paris, le 12 décembre 1893.

Signé : CARNOT.

*Le Ministre de l'Intérieur,*
Signé : D. RAYNAL.

*Le Garde des sceaux,*
*Ministre de la Justice,*
Signé : ANTONIN DUBOST.

*Le Président du Conseil,*
*Ministre des Affaires étrangères,*
Signé : CASIMIR-PÉRIER.

*Loi sur les Associations de Malfaiteurs.*

(Du 18 décembre 1893).

(Promulguée au *Journal Officiel* du 19 décembre 1893.)

Le Sénat et la Chambre des députés ont adopté,

Le Président de la République promulgue la loi dont sa teneur suit :

Art. 1er. — Les articles 265, 266 et 267 du Code pénal sont remplacés par les dispositions suivantes :

« Art. 265. — Toute association formée, quelle que soit la durée ou le nombre de ses membres, toute entente établie dans le but de préparer ou de commettre des crimes contre les personnes ou les propriétés, constituent un crime contre la paix publique.

« Art. 266. — Sera puni de la peine des travaux forcés à temps quiconque se sera affilié à une association formée ou aura participé à une entente établie dans le but spécifié à l'article précédent.

« La peine de la relégation pourra en outre être prononcée, sans préjudice de l'application des dispositions de la loi du 30 mai 1854 sur l'exécution de la peine des travaux forcés.

« Les personnes qui se seront rendues coupables du crime mentionné dans le présent article seront exemptes de peine si, avant toute poursuite, elles ont révélé aux autorités constituées l'entente établie ou fait connaître l'existence de l'association.

« Art. 267. — Sera puni de la réclusion quiconque aura sciemment et volontairement favorisé les auteurs des crimes prévus à l'article 265 en leur fournissant des instruments de crime, moyens de correspondance, logement ou lieu de réunion.

« Le coupable pourra, en outre, être frappé, pour la vie ou à temps, de l'interdiction de séjour établie par l'article 19 de la loi du 27 mai 1885.

« Seront, toutefois, applicables au coupable des faits prévus par le présent article les dispositions contenues dans le paragraphe 3 de l'article 266. »

Art. 2. — L'article 268 du Code pénal est abrogé.

La présente loi, délibérée et adoptée par le Sénat et par la Chambre des députés, sera exécutée comme loi de l'Etat.

Fait à Paris, le 18 décembre 1893.

. CARNOT.

Par le Président de la République :

*Le président du Conseil,*
*ministre des Affaires étrangères,*
CASIMIR-PERIER.

*Le garde des Sceaux, ministre de la Justice,*
ANTONIN DUBOST.

*Le ministre de l'Intérieur,*
D. RAYNAL.

———

*Loi tendant à réprimer les Menées Anarchistes.*
(Du 28 juillet 1894).

(Promulguée au *Journal Officiel* du 29 juillet 1894.)

LE SÉNAT ET LA CHAMBRE DES DÉPUTÉS ONT ADOPTÉ,

LE PRÉSIDENT DE LA RÉPUBLIQUE PROMULGUE LA LOI dont la teneur suit :

ART. 1ᵉʳ. — Les infractions prévues par les articles 24, paragraphes 1 et 3, et 25 de la loi du 29 juillet 1881, modifiés par la loi du 12 décembre 1893, sont déférées aux tribunaux de police correctionnelle lorsque ces infractions ont pour but un acte de propagande anarchiste.

2. Sera déféré aux tribunaux de police correctionnelle et puni d'un emprisonnement de trois mois à deux ans et d'une amende de cent francs à deux mille francs (100 fr. à 2,000 fr.) tout individu qui, en dehors des cas visés par l'article précédent, sera convaincu d'avoir, dans un but de propagande anarchiste :

1° Soit par provocation, soit par apologie des faits spécifiés auxdits articles, incité une ou plusieurs personnes à commettre soit un vol, soit les crimes de meurtre, de pillage, d'incendie, soit les crimes punis par l'article 435 du Code pénal ;

2° Ou adressé une provocation à des militaires des armées de terre ou de mer, dans le but de les détourner de leurs devoirs militaires et de l'obéissance qu'ils doivent à leurs chefs dans ce qu'ils leur commandent pour l'exécution des lois et règlements militaires et la défense de la Constitution républicaine.

Les pénalités prévues au paragraphe 1ᵉʳ seront appliquées même dans le cas où la provocation adressée à des militaires des armées de terre ou de mer n'aurait pas le caractère d'un acte de propagande anarchiste ; mais, dans ce cas, la pénalité accessoire de la relégation édictée par l'article 3 de la présente loi ne pourra être prononcée.

La condamnation ne pourra être prononcée sur l'unique déclaration d'une personne affirmant avoir été l'objet des incitations ci-dessus spécifiées, si cette déclaration n'est pas corroborée par un ensemble de charges démontrant la culpabilité et expressément visées dans le jugement de condamnation.

3. La peine accessoire de la relégation pourra être pro-

noncée contre les individus condamnés en vertu des articles 1er et 2 de la présente loi à une peine supérieure à une année d'emprisonnement et ayant encouru, dans une période de moins de dix ans, soit une condamnation à plus de trois mois d'emprissonnement pour les faits spécifiés auxdits articles, soit une condamnation à la peine des travaux forcés, de la réclusion ou de plus de trois mois d'emprisonnement pour crime ou délit de droit commun.

4. Les individus condamnés en vertu de la présente loi seront soumis à l'emprisonnement individuel, sans qu'il puisse résulter de cette mesure une diminution de la durée de la peine.

Les dispositions du présent article seront applicables pour l'exécution de la peine de la réclusion ou de l'emprisonnement prononcée en vertu des lois du 18 décembre 1893 sur les associations de malfaiteurs et la détention illégitime d'engins explosifs.

5. Dans les cas prévus par la présente loi, et dans tous ceux où le fait incriminé a un caractère anarchiste, les cours et tribunaux pourront interdire, en tout ou partie, la reproduction des débats, en tant que cette reproduction pourrait présenter un danger pour l'ordre public.

Toute infraction à cette défense sera poursuivie conformément aux prescriptions des articles 42, 43, 44 et 49 de la loi du 29 juillet 1881, et sera puni d'un emprisonnement de six jours à un mois et d'une amende de mille francs à dix mille francs (1,000 fr. à 10,000 fr.).

Sera poursuivie dans les mêmes conditions et passible des mêmes peines toute publication ou divulgation, dans les cas prévus au paragraphe 1er du prédent article, de documents ou actes de procédure spécifiés à l'article 38 de la loi du 29 juillet 1881.

6. Les dispositions de l'article 463 du Code pénal sont applicables à la présente loi.

La présente loi, délibérée et adoptée par le Sénat et par la Chambre des députés, sera exécutée comme loi de l'Etat.

Fait à Paris, le 28 juillet 1894.

Signé : CASIMIR-PERIER.

Le Président du Conseil,
Ministre de l'intérieur
et des cultes,
Signé : CH. DUPUY.

Le Garde des sceaux,
Ministre de la justice,
Signé : E. GUÉRIN.

www.ingramcontent.com/pod-product-compliance
Lightning Source LLC
Chambersburg PA
CBHW050517210326
41520CB00012B/2341